鉄道の楽しみ方といえば、どうしても車両が先行しがちだが、それだけではない。本書ではさまざまな観点から関西大手私鉄を分析した。鉄道会社の狙いや歴史を知ることにより、見慣れて[illegible]が少しでも変われば著者としてこれ以上の喜びはない。

本書[illegible]をメインにしているが、関西以外の方にもぜひ手に取っていただきたい。[illegible]ときどき「兵庫県と大阪府の雰囲気は似ているんでしょう?」という問い[illegible]る。答えは「いや、別の国のようにまったく違いますよ」である。

だが、[illegible]答えるなら「私鉄沿線によって違う」ということである。本書を読めば、[illegible]をつかみ取っていただけるだろう。少なくとも、関西に対するイメージが[illegible]

最後に、[illegible]に」は2023年10月下旬に記しており、プロ野球の日本シリーズが開催さ[illegible]023年の日本シリーズは阪神タイガースとオリックスバファローズという[illegible]の対決となり、まさしく「関西ダービー」だ。本書も日本シリーズのように、[illegible]熱い沿線対決がくり広げられている。5社それぞれの沿線の魅力を感じ、関西地方の知見を得ていただければ幸いだ。

新田浩之

関西の私鉄沿線格差◉目次

1 沿線格差の夜明け前
近鉄・南海・京阪・阪急・阪神

2 近鉄・南海・京阪・阪急・阪神沿線の魅力を比較する

3 近鉄・南海・京阪・阪急・阪神沿線の駅力を比較する

4 教育環境を比較する
近鉄・南海・京阪・阪急・阪神沿線の

5 近鉄・南海・京阪・阪急・阪神沿線の交通事情を比較する

6 近鉄・南海・京阪・阪急・阪神沿線のエンタメを比較する

7 沿線の未来戦略とは

近鉄・南海・京阪・阪急・阪神

8 いま注目すべき路線とは

近鉄・南海・京阪・阪急・阪神

装幀◉こやまたかこ
本文写真◉PIXTA
◉Photolibrary

1

沿線格差の夜明け前

近鉄・南海・京阪・阪急・阪神

ターミナル駅と共に「王国」を築いた関西私鉄

関西私鉄と関東私鉄の間には、さまざまな違いがある。そのなかでもっともわかりやすい例は「ターミナル駅の違い」ではないだろうか。

関東私鉄では小田急、京王のターミナル駅は「新宿駅」、東武東上《とうじょう》線、西武池袋線のターミナル駅は「池袋駅」だ。いずれもＪＲと同じ駅名であり、各ターミナル駅はＪＲ山手線に従属したかたちとなっている。これは、開業にあたって、国鉄（当時）線との接続を意識した結果だ。

一方、関西私鉄は駅名がバラバラだ。**阪急**、**阪神**のターミナル駅は大阪梅田駅だが、両駅とも２０１９（令和元）年9月までは「梅田駅」だった。ＪＲは私鉄・大阪メトロと駅名が異なる「大阪駅」で、関西を訪れる観光客を戸惑《とまど》わせる。しかも、阪急大阪梅田駅からＪＲ大阪駅への野外連絡通路は現在も屋根なしである。阪急からすると、ＪＲ大阪駅へのアクセスは重要視していないのだろう。

京阪の大阪側のターミナル駅は淀屋橋《よどやばし》駅、天満橋《てんまばし》駅と分散型となるが、ＪＲ線と接続している駅はない。このうち、もっとも古いターミナル駅は天満橋駅で、商業施設「京阪シティモール」が入る。

近鉄は超高層ビル「あべのハルカス」直結の大阪阿部野橋《あべのばし》駅が一大ターミナル駅といえる。同駅はあびこ筋を挟んでJR天王寺駅の真向かいにあるが、駅名にまったく共通点はない。1923（大正12）年開業時の駅名は「大阪天王寺駅」だったが、1か月も経《た》たずして「大阪阿部野橋駅」に改称されている。

改称のはっきりとした理由はわからないが、『地図と鉄道省文書で読む私鉄の歩み』（白水社）の著者である今尾恵介氏は、大阪市電のターミナルが「阿倍野橋」であったことから、「阿部野橋（阿倍野橋）」という地名自体

阪神本線の起点となる大阪梅田駅

が「梅田」並みのブランド力を持っていたことを指摘している。

南海のターミナル駅は昔も今も「難波駅」だ。JR大和路線（関西本線）の終着駅は「JR難波駅」だが、1994（平成6）年までは「湊町駅《みなとまち》」だった。しかも、南海難波駅とJR難波駅は駅名に共通点はあるものの、隣接してはいない。

なぜ、これほどまでに関西大手私鉄のターミナル駅はバラバラ感があるのか。ひとつには関東私鉄とは異なり、国鉄線との接続をあまり意識しなかったからである。さらに踏みこむと、関東と比較すると関西では国鉄の延伸が遅れ、明治中期から大正初期にかけて私鉄が先行して別個にターミナル駅を設置した事情がある。以降、各社はターミナル駅を「会社の顔」と見立て、百貨店をはじめターミナル駅の成長に全力を傾けた。

ところで読者のなかには、このような反論をお持ちの方もいるだろう。「JR線と接続する鶴橋《つるはし》駅や新今宮駅はどうなのだ」と。

確かに、鶴橋駅は近鉄大阪線・奈良線とJR大阪環状線、新今宮駅は南海本線・高野《こうや》線とJR大阪環状線・大和路線（関西本線）、京橋駅は京阪本線とJR大阪環状線・JR東西線・学研都市線（片町《かたまち》線）の接続駅だ。付け加えると、USJへのアクセス路線であるJRゆめ咲《さき》線（桜島線）と大阪環状線が乗り入れる西九条駅は阪神なんば線に接続する。

しかし、これらの乗換駅にかんして、京橋駅を除くと各社の商業施設は駅周辺に存在しない。また、京橋駅、西九条駅が乗換駅になったのは戦後、新今宮駅に至っては駅の開業自体が1960年代に入ってからだ。また、京橋駅にある商業施設「京阪モール」の開業年は1970（昭和45）年と他社のターミナル駅直結の百貨店と比較すると、かなり後発である。

最後に、関東私鉄と比較して、関西大手私鉄はそれほど各社との相互直通運転に積極的ではない。現在も、関西大手私鉄はターミナル駅の存在感を満天下《まんてんか》に知らしめているのだ。

都市中心部への乗り入れが遅れた3社の事情とは？

今でこそ都市中心部に乗り入れを果たしている関西私鉄だが、意外にも高度経済成長期に乗り入れを果たした例も見られる。それが**阪急**、**京阪**、**近鉄**である。

阪急が京都河原町《かわらまち》駅に乗り入れたのは1963（昭和38）年のことである。それまでは大宮駅が京都側のターミナル駅であった。

大宮駅が開業したのは、京阪新京阪線時代の1931（昭和6）年のこと。当時の駅名は「京阪京都」で、京阪神急行電鉄（現・阪急）と合併した1943（昭和18）年には「京都」に改名された。しかし、嵐電《らんでん》（京福嵐山本線・北野線）が乗り入れているとはいえ、京都市の西の外れであることに変わりはなく、「京都」と名乗るには少々無理があった感は否《いな》めない。

1963年に四条通の地下線を延長するかたちで河原町駅（現・京都河原町駅）への乗り入れを果たし、烏丸《からすま》通の接点に烏丸駅が設けられた。後に烏丸駅は京都市営地下鉄烏丸線への乗換駅になる。ちなみに、京都市営地下鉄の駅名は四条駅となる。阪急は四条通、京都市営地下鉄は烏丸通を通ることから駅名が異なるのは仕方がないとはいえ、初めて京都を訪れる人は混乱するかもしれない。

京都河原町駅は駅名から察する通り、河原町通との接点にある。京都河原町駅から東へ少し歩き、鴨川を渡ると京阪本線の祇園《ぎおん》四条駅に着く。

ところで、現行の京都河原町駅の駅名は2019（令和元）年9月まで河原町駅であった。阪急は観光客を意識し、河原町駅に「京都」を付けた駅名に改称しようとしたが、地元商店街の反対にあった。地元商店街はなじみ深い「四条河原町駅」への改称を主張したのだ。確かに、京都市バスのバス停名は「四条河原町」。しかし、「四条河原町」という駅名を許すと、烏丸駅や大宮駅の改称も必要になる。最終的に当初の主張通り「京都河原町駅」に落ち着いた。

近鉄は1970（昭和45）年に難波線が開業し、ミナミの中心地である難波への乗り入れを果たした。じつは近鉄は前身の大阪電気軌道（大軌《だいき》）の時代から難波への延長を再三にわたり申請してきたが、「大阪市内の交通は大阪市が担《にな》う」という大阪市の主張、俗にいう「市営モンロー主義」により撥《は》ね除《の》けられていた。

しかし、戦後になると大阪市電だけでは対処できなくなり、1959（昭和34）年に阪神千鳥橋～難波間と共に上本町《うえほんまち》（現・大阪上本町）～難波（現・大阪難波）間の免許が下

京都河原町駅は四条河原町交差点の直下にある

りた。府道や大阪市営地下鉄（現・大阪メトロ）の下に新線を建設することは困難を極めたが、1970年にようやく開業を果たした。この年は大阪万博が開催された年であり、難波線は近鉄日本橋駅～大阪市営地下鉄 堺筋《さかいすじ》線～阪急千里線、難波駅～大阪市営地下鉄御堂筋線～北大阪急行電鉄の2ルートにより、万博輸送の一役を担った。

同じく「市営モンロー主義」の壁に阻《はば》まれたのが**京阪**である。もともと京阪は天満橋駅から少し都心へ入った高麗橋《こうらいばし》駅を始発駅にしようとしていた。しかし、「市営モンロー主義」により、この計画は立ち消えとなった。それでも京阪は諦《あきら》めず、大阪市電への乗り入れにより、梅田への直通運転を画策したが、車両サイズの都合などにより断念せざるを得なかった。

天満橋～五条間で営業を開始してから約50年後の1963年に、天満橋～淀屋橋間が開業。ようやく京阪は大阪の中心地への乗り入れを果たす。終着駅の淀屋橋駅は建設スペースの関係により、1面4線という珍しい構造になった。ちなみに、淀屋橋駅は日本で最初の冷房装置を備えた地下駅であることにも言及しておきたい。

このように、高度経済成長期に都心乗り入れを果たした路線は行政の交通政策の影響を受けていることも多いのだ。

「阪急ブランド」は、いかに醸成されてきた？

阪急には確かなブランドイメージが存在する。とくに**神戸本線**と**今津《いまづ》北線**（西宮北口〜宝塚）において顕著《けんちょ》だ。

阪急のブランドイメージについては、「阪急マルーン」と称される、茶色を車体にまとった高級感あふれる阪急電車がイメージの構築に一役買っているという説明がよくなされる。一理あるとは思うが、阪神間に住む筆者からすると、やはり利用者自身がブランドイメージをつくり上げているように感じる。

阪急のブランドイメージの形成の要因を探るべく、神戸本線、今津北線の利用者をつぶさに観察していると、他線とのある違いが見えてきた。それは、ミッション系スクールの学生が多く、どこかしら品の良さを感じさせる点だ。ミッション系スクールと阪急のブランドイメージに関連性はあるのだろうか。

まずは、ミッション系スクールの実態を見ていこう。『ミッションスクールになぜ美人が多いのか—日本女子とキリスト教』（朝日新書）の共著者のひとりである郭南燕氏は、気品、容姿、知識、能力を重んじられる、要は「品の良さ」が求められる女性アナウンサーを取り上げ、ミッション系スクールの特徴を解説している。

女性アナウンサーへの就職はご承知の通り高倍率なわけだが、郭氏によると女性アナウンサーのうち、じつに半分近くがミッション系大学出身であることを指摘している。

さすがに出身大学は関東が多いが、元NHKアナウンサーの有働《うどう》由美子氏は神戸女学院大学の出身である。しかも、有働氏は2022（令和4）年に株式会社CMサイトが集計した「女性アナウンサー好感度ランキング（フリー編）」において堂々の1位に輝いた。

それでは、なぜミッション系大学卒業者に女性アナウンサーが多いのだろうか。郭氏は、女性アナウンサーに求められる素養とミッション系大学の教育理念との相性の良さを指摘する。ミッション系大学の教育理念である「慈愛」と「奉仕」の精神が、そのまま女性アナウンサーに求められる心構えに直結するというわけだ。

同じく「慈愛」「奉仕」の精神が求められるキャビンアテンダントも、ミッション系大学の出身者が多い。『大学ランキング2019年版』のキャビンアテンダント出身校ランキングを見ると1位はキャビンアテンダントの養成に力を入れる関西外国語大学だが、3位には関西学院《かんせい》大学が食いこんだ。「慈愛」と「奉仕」を根底《こんてい》にした教育を受けることで、上品さで人の心を和《なご》まし、かつ知識を持った人材が育ちやすくなるのだろう。

実際のところ、神戸本線、今津北線沿線にはミッション系大学がじつに多い。今津北線沿線では関西学院大学、神戸女学院大学が挙げられ、関西学院大学西宮聖和キャンパスはもともとミッション系大学の聖和大学だった。神戸本線では神戸松蔭《しょういん》女子学院大学、神戸海星女子学院大学が挙げられる。

また、ミッション系高校となると先述した大学の付属校に加え、六甲学院高校、仁川《にがわ》学院高校、小林聖心女子学院高校などが加わる。ミッション系スクールの品の良さが学生を通じて阪急の車内でもおのずと醸《かも》し出され、他社とは異なる雰囲気となる。

阪急沿線のミッション系大学のひとつ関西学院大学

そもそも、神戸は港町ということもあり、多くのミッション系スクールが誕生した。関西学院大学は1920年代末に阪急の計らいで原田の森から上ケ原《うえがはら》に移転したが、同時期に神戸女学院も現在の神戸市中央区から今津北線沿線に校舎を移した。

学校側からすると、創業の地が手狭《てぜま》になり、環境のよい広大な土地を求めた結果、未開発であった今津北線沿線に行きついたのだろう。阪急からすれば学校が沿線に移転することにより、乗客増だけでなく、ミッション系スクールの存在もまた、沿線のブランド力の向上につながったといえる。

戦前、郊外の住宅地は、どう開発されたのか？

関西大手私鉄による住宅開発といえば**阪急**の創立者、小林一三《こばやしいちぞう》だ。小林一三は今日のローン販売の先駆けとなる割賦《かっぷ》販売方式と共に、鉄道を敷設《ふせつ》してその沿線で住宅開発を行なうという日本初のビジネスモデルを確立した。

このことから、「鉄道とまちづくり」といえば何かと阪急ばかりが取り上げられがちだが、もちろん、他の私鉄も住宅開発は行なってきた。ここではあえて阪急以外、主に戦前に行なわれた住宅開発を見ていきたい。

じつは、関西大手私鉄のなかでもっとも早く住宅経営を行なったのは、阪急ではなく**阪神**である。阪神は西宮駅前の社有地を活用し、1909（明治42）年に貸家経営を始めた。阪急が大阪府池田市で住宅経営を始めたのは1910（明治43）年なので、ギリギリ阪神のほうが早い。阪神の賃貸経営は好評を博し、1910年には西畑（西宮市）でも賃家約70戸の住宅経営を行なった。

分譲事業は御影《みかげ》（神戸市）で始まったが、阪神でもっとも有名な開発分譲は甲子園である。1928（昭和3）年に住宅地分譲が始まり、甲子園駅北側に200～500坪程度の宅地が用意された。一方、駅南側の浜甲子園では100坪未満の宅地も多かった。

阪神の分譲事業で特筆すべき点は、土地購入後1年半以内に住宅を建てた居住者には大阪または神戸までの1年間の定期乗車券を付与《ふよ》したことだ。要するに無料年間パスをプレゼントするという何とも大盤振る舞いなサービスだ。

京阪は香里園《こうりえん》での住宅開発が知られている。そもそも「香里園」という地名は京阪が名付けた。もともとは「郡（こおり）」だったが、音はそのままで「香里」にした。京阪は1910年に香里に遊園地をつくり、同じく遊園地の先輩にあたる阪神沿線の「香櫨園《こうろえん》」

にあやかり「香里」にしたのだ。しかし、開園から数年後に遊園地は枚方《ひらかた》に移転し、住宅開発を進めることになった。

当初、香里園での住宅開発はうまくいかなかった。原因としてまことしやかに挙げられたのが「鬼門《きもん》の方角」である。京阪沿線は大阪から見ると東北、つまり鬼門の方角にあたる。一方、京都から見ると裏鬼門になるという噂も広まった。

とはいえ、住環境が向上すれば人間の心はいとも簡単に変わるもの。1923（大正12）年に上水道が整備され、飲み水を確保すると住宅開発は順調に進んだ。

さらに、1934（昭和9）年に成田山新勝寺の大阪別院が創建され、住宅地区に伽藍《がらん》

香里園駅の東側は高層マンションが立ち並ぶ

が建設された。その2年前に行なわれたミッション系スクール聖母女学院高等女学校の住宅地区への移転とも相まって、「鬼門」イメージは払拭《ふっしょく》できたといえよう。証拠として現在、「香里園」は「住環境のよい住宅地」のイメージが定着し、「鬼門」を理由に忌《い》み嫌う人はまずいない。

近鉄は前身となる大阪電気軌道（大軌）が他社より遅く、大正末期から本格的に住宅開発に着手した。1925（大正14）年に沿線の小阪、長瀬、生駒《いこま》に加えて、1929（昭和4）年に菖蒲池《あやめいけ》、生駒霞ヶ丘、山本、額田《ぬかた》にて道路・上下水道を整え、「理想的な住宅地」を開発した。

一方、南大阪線系統の前身である大阪鉄道（大鉄）も、沿線の恵我之荘《えがのしょう》、矢田、白鳥園、藤井寺にて住宅開発を行なった。沿線には古市《ふるいち》古墳群があり、白鳥園は墓山《はかやま》古墳と白鳥陵の間に位置する。住宅開発しやすい土地を求めたところ、結果的に古墳・陵墓の間になったという具合だ。

関西大手私鉄の住宅事業において、最後発は**南海**である。南海による住宅開発は戦前にも行なわれたが限定的であった。大阪と和歌山を結ぶ南海本線沿線は商工業地帯として発達し、わざわざ誘客のために住宅開発する必要がなかったのだ。浜寺公園周辺で住宅開発が行なわれたことはあるが、これは南海によるものではなかった。戦前の南海は運輸事業と電灯電力事業がメイン事業だったのである。

　戦後は戦争からの復旧工事に最優先に取り組み、住宅開発は後回しになった。その後、高野線での住宅開発はそれまでの遅れを取り戻すような大規模なものに。その象徴が高野線沿線にある、民間会社としては最大級の規模を誇る南海橋本林間田園都市だ。

　南海橋本林間田園都市は和歌山県橋本市にあり、1万1320戸数・計画人口約4万2000人を目指すべく、1970年代に計画された。1980年代から次々と分譲が進み、現在も関西を代表するニュータウンである。

　このように、阪急以外の各社も住宅開発を行なっている。調べると興味深い歴史が隠されているだけに、もう少し宣伝してもいいような気がする。

大阪府と駆け引きして、ニュータウン延伸を果たした阪急

「日本最初のニュータウン」「東洋一のスケール」といわれた大阪府豊中《とよなか》市・吹田《すいた》市にある千里ニュータウン。面積は1160ヘクタールにも及び、現在も約10万人が居住する。

そんな千里ニュータウンの交通の一翼《いちよく》を担うのが**阪急千里線**である。同線は路線延長により、1967（昭和42）年に千里ニュータウンの玄関口のひとつである北千里駅まで乗り入れた。「日本最初のニュータウン」に乗り入れた阪急千里線は、どのような経緯で路線延長を果たしたのだろうか。

千里線は1921（大正10）年に北大阪電気鉄道により淡路〜千里山間が開業した。以降、千里山〜天神橋（現・天神橋筋六丁目駅）間を結ぶ一支線として存在し、線名は「千《せん》里山《りやま》線」であった。

阪急千里線の延伸計画が具体化したのは1960（昭和35）年のことである。千里ニュータウンの建設に邁進《まいしん》していた大阪府が、阪急に対して千里山線の延伸を要請したのだ。

ところが、阪急は千里ニュータウンの建設より前に千里の地を開発するプランを持ち合わせていた。計画では、千里山駅から東豊中を経由して箕面《みのお》線の桜井駅まで路線を延長。そのうえで、沿線の開発を進めるというものだった。

千里線は、千里ニュータウンの建設スピードに合わせ、1963（昭和38）年に新千里山駅（現・南千里駅）まで延びた。次に南千里駅から北千里駅まで延伸することになるのだが、大阪府が希望する延伸コースと阪急が希望する延伸コースは異なっていた。阪急は北大阪急行電鉄千里中央駅の近くを通るコースを望んだが、大阪府はニュータウンの北側に位置する北地区センターを通るコースを最適と考えていた。

　最終的に大阪府と阪急との交渉がまとまり、南千里駅からの延伸線は大阪府の計画通り、北地区センターコースとなった。

　このコース選択には、北大阪急行電鉄の延伸が絡んでいた。もし、阪急が千里中央に乗り入れると北大阪急行電鉄と競合することになり、都合が悪い。一方、北千里へ延伸すると、ニュータウン全体の交通のバランスがよくなり、阪急と北大阪急行電鉄の競合も発生しない、という読みがあった。

　しかし、阪急とすれば千里ニュータウンの

北千里駅前は「ディオス北千里」を中心に商業施設も多い

東端に延伸することになり、勢力圏は千里中央よりも狭くなる。要するに「面白くないプラン」だったのだ。そこで阪急は、大阪府に対し、いくつかの要望をした。

そのひとつが、南千里〜北千里間に中間駅を設置する際の協力だったのだ。この中間駅こそが、大阪モノレールと接続する山田駅である。阪急にしてみれば、少しでも千里ニュータウンにおいて利用客を取りこみ、利便性を確保したかったのであろう。

また、南千里〜北千里間は千里ニュータウン地区内を通ることから、大阪府は立体交差を要望した。これに対し阪急は、高架線はコスト面で厳しいため築堤《ちくてい》方式を採用し、現在のかたちとなったのである。歴史に「たられば」は禁句といわれるが、もし、阪急が千里中央に乗り入れたら、千里ニュータウンの交通事情はどのように変化したのだろうか。

そして２０２４（令和６）年には、北大阪急行電鉄が千里中央駅から箕面萱野《みのおかやの》駅まで延伸する。千里地区の交通史に新たな1ページが加わろうとしているのである。

意外な場所で観光開発している鉄道会社は？

関西大手私鉄は観光開発を積極的に行なっているが、少し意外な場所で開発しているところがある。ここでは**阪神**と**近鉄**を例に挙げたい。

阪神は阪神間でもっとも海側に路線があるにもかかわらず、神戸市にある六甲山の観光開発を行なってきた。しかも、阪急とのバチバチの勝負を交《まじ》えながらである。

六甲山開発は明治中期にイギリス人が山荘を建てたのがはじまりだが、阪神と六甲山とのつながりは明治末期である。登山者の便宜と阪神社員のレクリエーション施設として六甲山上に「阪神クラブ」を開設した。

大正時代に入ると第一次世界大戦の勃発《ぼっぱつ》により、神戸に居住していた外国人が次々と帰国した。外国人の代わりに六甲山の別荘の主になったのが富裕層の日本人である。当時、電気供給事業を行なっていた阪神により、六甲山上に灯《あか》りがともされた。

1927（昭和2）年、阪神は約250ヘクタールの土地を買収し、本格的に六甲山開発に乗り出すことになった。また、阪神は敷設免許を有していた「六甲越有馬鉄道株式会社」に出資し、1932（昭和7）年に六甲ケーブルが開通した。

以降、阪神は六甲高山植物園をはじめレジャー施設の運営を行なってきた。ユニークな事例では戦後、六甲山上に分譲マンションを建設し好評を得たものの、六甲山上が都市計画法の市街化調整区域に指定された関係で、新規建設がストップしたことがある。それでも、阪神は甲子園と並んで六甲山をレジャー事業の重要拠点として位置付けた。

阪神間でもっとも六甲山に近い路線を持つ**阪急**も、阪神に負けじと六甲山に進出している。阪急は戦前の風水害で被害を受けた神戸市内から六甲山上へのアクセス道路、表六甲ドライブウェイの整備に乗り出し、阪急六甲～六甲山上間を結ぶバス路線を開設した。

しかし、六甲山上行きのバスは2023（令和5）年3月に廃止された。また、1929（昭和4）年に宝塚ホテルの分館としてオープンした六甲山ホテルは、長年にわたり阪急が運営してきた。

戦後も六甲山は観光地として人気を博したが、1995（平成7）年の阪神・淡路大震災以降はレジャー需要の多様化などにより、集客力が大きく低下。2006（平成18）年の阪急・阪神の経営統合以降は阪神系列の六甲オリエンタルホテルの閉業、六甲山ホテルの譲渡が続いた。とはいえ、六甲山が神戸市の顔であることに変わりはなく、阪急・阪神の力で何とか復活してほしいものだ。

ところで、六甲山はジンギスカン料理が名物だ。現在は六甲ガーデンテラスのレストランで楽しめるが、もともとは六甲山ホテルの名物料理であった。きっかけは清《し》水雅《みずまさし》阪急百貨店初代社長が戦前、中国のジンギスカン料理に感動し、鍋ひとつを持ち帰ったことだ。

その後、1956（昭和31）年に「夏の料理」として提供されたのである。

もうひとつの事例が、**近鉄**の傘下にある海遊館《かいゆうかん》だ。海遊館といえば世界最大級の水族館として知られ、大阪を代表する観光スポットである。しかし、大阪市民でさえ「海遊館は近鉄傘下」という事実を知らない人は多いような気がする。

もともと、海遊館は大阪市が出資する第三セクターによって運営されていた。どうしても「第三セクター＝赤字」というイメージがあるが、海遊館は黒字経営が続いていた。転機は2012（平成24）年のこと。大阪市が海遊館の運営会社が保有する株の大半を民間に売却することを発表した。当時の橋下徹《はしもととおる》大阪市長は第三セクターなどの外郭団体にメスを入れていた。海遊館も例外ではなかったのである。

2015（平成27）年に、大阪市は運営会社の株を近鉄グループホールディングスに売却。無事に完全民営化が達成され、海遊館は近鉄グループの一員となったのである。

海遊館は近鉄沿線になく、大阪メトロ中央線の大阪港駅が最寄り駅だ。ただし、大阪メトロ中央線は近鉄けいはんな線と相互直通運転を実施している。つまり、近鉄沿線の住民を取りこむことは比較的容易なのだ。このあたりは、近鉄沿線から離れ、挙げ句の果てに球団売却となった大阪ドーム（現・京セラドーム大阪）と同じ轍《てつ》を踏んではいない。

2 魅力を比較する

近鉄・南海・京阪・阪急・阪神沿線の

富裕層が沿線に集まる鉄道会社は？

「富裕層が沿線に多く住む鉄道会社」はどこなのだろうか。この問いには「もっともお金持ちが多い自治体を抱える鉄道会社はどこか？」をチェックすることで答えが見えてくる。

ここでは総務省が発表した2021（令和3）年度市町村別の総所得金額のデータを用いたい。課税対象所得を納税義務者数で割ることにより、納税義務者1人あたりの所得額を算出した。なお、選出した市町村は関西大手私鉄が走る自治体に限定している。

京都府で1人あたりの所得額が350万円以上を超える市町村は京都市、向日《むこう》市、長岡京市、京田辺市、精華《せいか》町、木津川市だ。このなかでもっとも所得額が高いのは精華町となり、380万円を超える。精華町の玄関口は**近鉄京都線**の新祝園《しんほうその》駅であり、急行停車駅である。

精華町は関西文化学術研究都市に含まれ、大手企業の研究所や工場が建つ。しかし、大阪市内からの公共交通機関には恵まれておらず、精華町で暮らす社員も少なくないと予想する。このように考えると、精華町の所得が高いのも納得がいく。

大阪府で400万円を超える自治体は豊中市、吹田《すいた》市、箕面《みのお》市である。いずれも大阪府北部に位置し、「北摂《ほくせつ》」と呼ばれるエリアだ。トップの自治体は吹田市になり、1人あたりの所得金額は約440万円だ。

吹田市を南北に貫《つらぬ》くのが**阪急千里線**だ。千里線の住宅開発は阪急千里線の前身である北大阪電気鉄道が開業した大正時代からだ。大阪住宅経営株式会社が、北大阪電気鉄道が所有する土地を譲り受け、イギリスの田園都市をモデルにした千里山住宅地を開発した。今日でも、千里山住宅地は大阪府を代表する高級住宅地として知られる。

兵庫県で400万円を超える自治体は芦屋市、西宮市、宝塚市だが、芦屋市がダントツ

新祝園駅はJRの祝園駅と隣接し、利便性にも優れる

1位だ。所得額は700万円を超え、全国でもトップクラスに位置する。芦屋市を通る私鉄線は**阪急神戸本線**と**阪神本線**である。

芦屋市において、住環境がとくに優れているのが市の北東部にある六麓荘町《ろくろくそうちょう》である。六麓荘町の開発がスタートしたのは1920年代のこと。「東洋一の別荘地をつくる」ことを目標に関西の経済人が出資し、「株式会社六麓荘」が設立された。

その後、香港島の白人専用地区をモデルに国有林を開発。道路は幅6メートル以上、日本初の電線地中化、特注マンホールなど、こだわりを随所《ずいしょ》に見せた町づくりが行なわれた。今日においても、新築や増改築の際は六麓荘町が定めた独自ルールを守る必要がある。

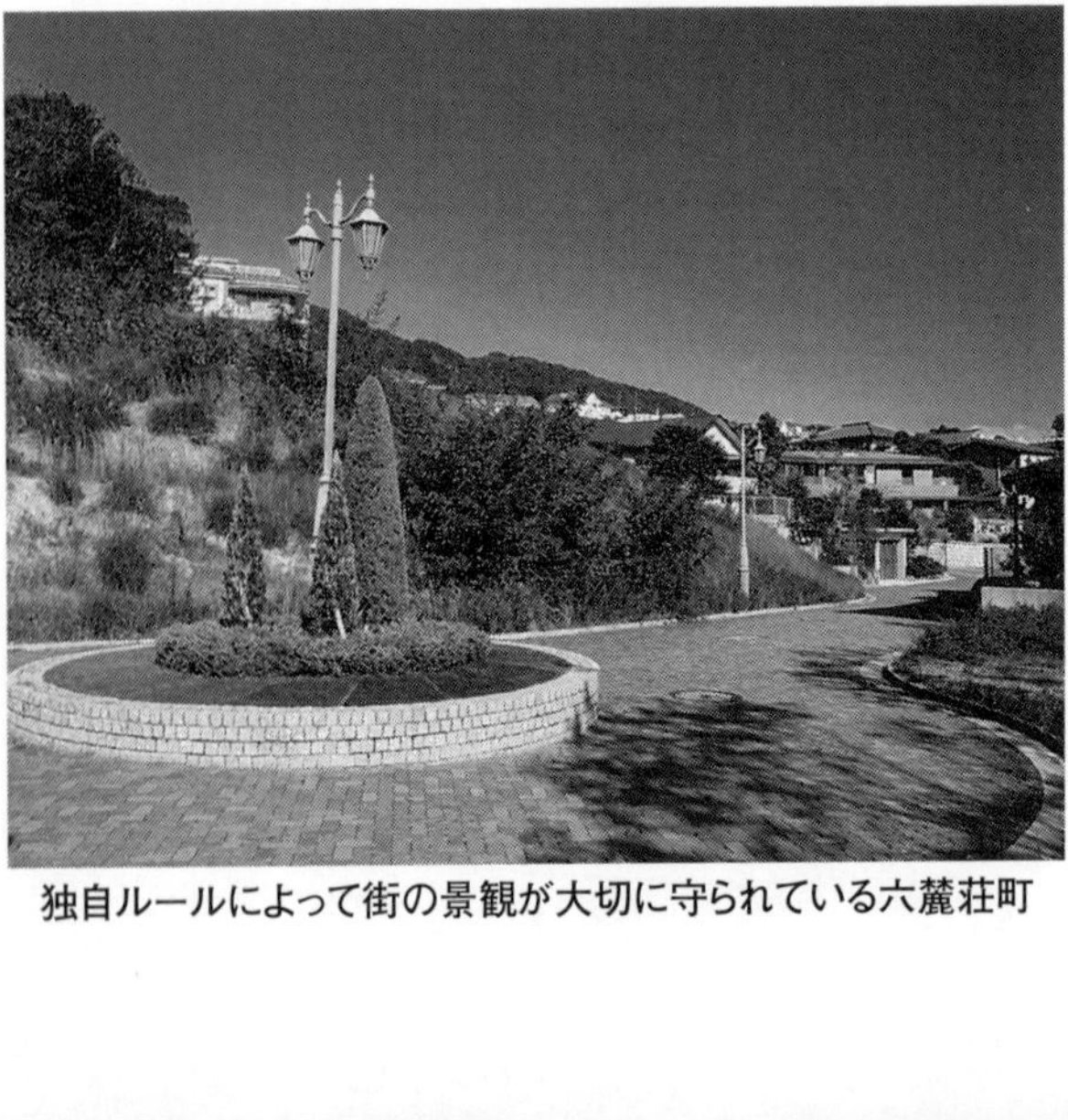

独自ルールによって街の景観が大切に守られている六麓荘町

ところで、芦屋市は野球との結びつきが強いところだ。２００３（平成15）年に阪神タイガースをセ・リーグ優勝に導いた星野仙一監督は芦屋市に居を構えていた。また、読売ジャイアンツはＪＲ芦屋駅前の「ホテル竹園芦屋」を遠征先の定宿《じょうやど》としている。やはり、高所得者好みの落ち着いた雰囲気は野球選手にとっても心地よいのだろう。

最後に近鉄が走り回る奈良県を確認しておこう。県内で唯一、所得４００万円を超えるのは生駒《いこま》市である。生駒市には**近鉄奈良線**、**生駒線**、**けいはんな線**、**生駒ケーブル**が走り、玄関口は生駒駅になる。大阪都心に近いことから、生駒駅の朝ラッシュ時は大変混雑する。

さて、近鉄が生駒山を望む「東生駒住宅地」の分譲を始めたのは１９７０（昭和45）年のことだ。現在では、奈良線学園前と同じく高級住宅地として知られる。１９８０年代後半には「白庭台《しらにわだい》住宅地」の分譲が開始され、２００６（平成18）年には、けいはんな線「白庭台駅」が開業した。白庭台住宅地は散策の道「プロムガーデン」など、自然との調和を重視する。

以上、「高所得な自治体」を見てきた。それではもっともお金持ちが多く住む自治体を抱える私鉄はどこか。それは言わずもがな**阪急**である。自社の努力もあるが、落ち着いた住宅地区が阪急のブランドイメージ向上に寄与したのは否定しがたい事実である。

ブランドイメージがもっとも高い路線は？

ブランドイメージがいい路線は、おのずと「住みたい」と思う人が多いはずだ。ということで、ここではリクルートが運営する不動産・住宅サイトＳＵＵＭＯ（スーモ）が発表した「住みたい街（駅）ランキング２０２３関西版」を参考にしたい。

このランキングでは、関西圏にある上位50駅を取り上げている。50駅のうち、関西大手私鉄が25駅、ＪＲが13駅となり、関西大手私鉄王国は健在といえるだろう。

興味深い点は関西大手私鉄25駅のうち、**阪急**が18駅も占《し》めていることだ。以下、**京阪**・**近鉄**・**阪神**がそれぞれ2駅で同率2位、**南海**は1駅であった。阪急のブランドイメージは圧倒的といっていいだろう。

次に、阪急のなかでブランドイメージがもっともいい路線はどこだろうか。先に答えをいうと**神戸本線**だ。神戸本線は9駅がランクインしており、もっとも順位が高いのは西宮北口駅の2位。トップ10のうち、4駅も神戸本線がランクインしていることから、神戸本線のブランドイメージは確固たるものだ。

SUUMO「住みたい街ランキング2023 関西版」

順位	駅名(代表的な沿線名)
1位	梅田(地下鉄御堂筋線)
2位	西宮北口(阪急神戸線)
3位	神戸三宮(阪急神戸線)
4位	なんば(地下鉄御堂筋線)
5位	天王寺(地下鉄御堂筋線)
6位	夙川(阪急神戸線)
7位	草津(JR東海道本線)
8位	千里中央(北大阪急行)
9位	京都(JR東海道本線)
10位	岡本(阪急神戸線)
11位	江坂(地下鉄御堂筋線)
12位	宝塚(阪急宝塚線)
13位	嵐山(阪急嵐山線)
14位	京都河原町(阪急京都線)
15位	烏丸(阪急京都線)
16位	芦屋川(阪急神戸線)
17位	心斎橋(地下鉄御堂筋線)
18位	本町(地下鉄御堂筋線)
19位	明石(JR山陽本線)
20位	姫路(JR山陽本線)
21位	神戸(JR東海道本線/山陽本線)
22位	桂(阪急京都線)
22位	高槻市(阪急京都線)
24位	御影(阪急神戸線)
25位	箕面(阪急箕面線)
26位	福島(大阪環状線)
27位	南草津(JR東海道本線)
28位	烏丸御池(京都地下鉄烏丸線)
29位	新大阪(地下鉄御堂筋線)
30位	高槻(JR東海道本線)
31位	和歌山(JR阪和線)
32位	中津(地下鉄御堂筋線)
33位	京橋(京阪本線)
34位	生駒(近鉄奈良線)
34位	茨木市(阪急京都線)
36位	豊中(阪急宝塚線)
37位	なかもず(地下鉄御堂筋線)
38位	近鉄奈良(近鉄奈良線)
39位	塚口(阪急神戸線)
40位	谷町九丁目(地下鉄谷町線)
41位	淀屋橋(地下鉄御堂筋線)
42位	和歌山市(南海本線)
43位	尼崎(JR東海道本線)
44位	六甲(阪急神戸線)
45位	三条(京阪本線)
46位	西宮(阪神本線)
46位	武庫之荘(阪急神戸線)
48位	甲子園(阪神本線)
49位	芦屋(JR東海道本線)
50位	大津(JR東海道本線)
50位	西宮(JR東海道本線)

*リクルート調べ。「SUUMO」ホームページを参考に作成

神戸本線に次ぐのは**京都本線**の5駅で、もっとも順位が高いのは14位の京都河原町駅である。意外なことに**宝塚本線**が少なく、2駅しかランクインしていない。

この結論からは、「阪急のなかでも、イメージには偏《かたよ》りがある」ということが見えてくる。阪急ブランドの育ち方は前述したが、ひとついえるのは「阪急のブランド力は車両の質だけで構成されていない」という点だ。もし、車両がブランド力の大半を占めるなら、これほどまでに路線の偏りは出ないはずだ。

となれば、阪急ブランドを考えるうえでは「沿線力」も欠かせないということだ。阪急では神戸本線が首位に立ったが、同じく阪神間を結ぶ**阪神本線**は西宮駅と甲子園駅がランクインした。しかし、最上位の西宮駅ですら46位である。

参考までにJR神戸線大阪〜三ノ宮間にて、ランクインを果たしたのは尼崎駅、西宮駅、芦屋駅。こちらも3駅とも40位以下だ。

阪急神戸本線、阪神本線、JR神戸線で比較すると、阪神間であっても、路線ごとの格差が大きいことがデータからも読みとれる。つまり、阪急神戸本線沿線にあって、阪神本線沿線、JR神戸線沿線にはない「何か」があるはずだ。

沿線に住む人なら、さまざまな答えを思い浮かべるだろうが、ひとつに阪急神戸本線沿線の「教育環境の良さ」が挙げられる。子どもの教育に熱心な家庭が多く住むからこそ、学習塾や英会話教室が充実し、その環境がさらに高所得者層を呼びこむという好循環が生まれているのではないだろうか。

運賃のコストパフォーマンスがよい路線は？

鉄道に限らず、値上げが相次いでいる今日この頃。少しでも運賃が安い路線の沿線に住みたいと思うのは筆者だけではないだろう。

それでは、関西大手私鉄5社のなかで、もっとも運賃が安い鉄道会社はどこだろうか。

運賃計算の基礎となる営業距離（キロ程）別に各社の運賃を確認していこう。

まずは初乗り運賃だ。**阪急**は170円（1〜4キロ）、**阪神**は160円（1〜4キロ）、**京阪**は170円（1〜3キロ）、**南海**は180円（1〜3キロ）、**近鉄**は180円（1〜3キロ）となり、阪神がもっとも安い。阪神は駅間距離が短く、阪神本線の平均駅間距離は1キロメートルを切る。大阪梅田〜淀川間3・3キロには福島駅、野田駅があることから、自転車感覚で電車を利用できる。

次にキロ程10キロを見ていこう。**阪急**は240円（10〜14キロ）、**阪神**は250円（9〜13キロ）、**京阪**は280円（8〜12キロ）、**南海**は290円（8〜11キロ）、**近鉄**は300円（7〜10キロ）となり、阪急がもっとも運賃が安い。

しかも、キロ程14キロでも240円というのが特筆に値する。たとえば、大阪梅田〜石橋阪大前（13・5キロ）も240円となり、大阪大学に通う学生にとっては大変助かる運賃だ。反対に近鉄だと、近畿大学の最寄り駅である長瀬駅から大阪上本町駅間は6・2キロであるにもかかわらず300円もする。

阪急大阪梅田〜神戸三宮間32・3キロ、大阪難波〜近鉄奈良間32・8キロが含まれるキロ程33キロはどうだろうか。**阪急**は330円（27〜33キロ）、**阪神**は330円（31〜34キロ）、**京阪**は390円（29〜34キロ）、**南海**は650円（32〜35キロ）、**近鉄**は680円（31〜35キロ）となる。阪急・阪神が同率首位となり、近鉄に2倍以上の差をつける。

阪急・阪神は通勤定期券の相互利用が認められており、阪急の大阪梅田〜神戸三宮間を有効区間に含む通勤定期券は阪神大阪梅田駅、阪神神戸三宮駅での乗降が認められる。逆もしかりだ。

最後に京阪淀屋橋〜三条間49・3キロを含めるキロ程50キロだ。**阪急**は410円（43〜

51キロ）、**京阪**は430円（47〜52キロ）、**南海**は850円（50〜54キロ）、**近鉄**は910円（46〜50キロ）である。キロ程50キロも阪急が最安値だ。

お気づきかもしれないが、阪急はキロ程20キロから運賃区間のキロ程が長くなるのだ。先述した330円区間（6区）では27〜33キロの6キロ分をカバーする。つまり、遠距離になっても運賃の伸びが緩《ゆる》やかなのだ。

一方、南海はキロ程75キロまで3〜4キロずつ、運賃が増えていく。そのため、遠距離になると阪急との差が大きくなる。近鉄も南海とほぼ同じ理屈だ。

この10年で「輸送人員」を増やした路線は？

国土交通省は毎年、鉄道統計年報を公表している。そのなかに運輸成績表があり、各鉄道会社の輸送人員や輸送人員定期構成比などを確認することができる。ここから、興味深い考察が見えてくる。

まずは、2012（平成24）年度からコロナ禍直前の2019（令和元）年度までの輸送人員の変遷を見ていきたい。2012年度の成績を100とすると、2019年度の定

各社の輸送人員の変遷

社名	2019年度の定期券利用者	2019年度の定期外利用者	2021年度の定期券利用者数の割合
近鉄	101	101	65%
南海	103	112	64%
京阪	110	101	56%
阪急	112	101	55%
阪神	115	107	57%

※2012年度の成績を「100」として算出　＊『鉄道統計年報』を参考に作成

期券利用者は阪急１１２、阪神１１５、京阪１１０、近鉄１０１、南海１０３だ。

次に２０１９年度の定期券外の利用者を同様に見ていこう。結果は阪急１０１、阪神１０７、京阪１０１、近鉄１０１、南海１１２となる。

定期券利用者の伸びは、**阪神**が1位となった。要因は、２００９（平成21）年開通の**阪神なんば線**の影響が考えられる。阪神なんば線の開通により、阪神間と難波が１本で結ばれた。所要時間もさることながら、定期券代がＪＲ経由より安くなったことも大きい。定期券以外の利用者も堅調な伸びを示していることから、阪神なんば線は大成功を収めたといっていいだろう。

２位の**阪急**も健闘した。阪急は新線を開業してはいないが、景気回復により「阪急沿線に住みたい」と思わせる「阪急ブランド」の復活と安定した輸送サービスの賜《たま》物《もの》だろう。

一方、最下位は定期券、定期券外共に**近鉄**となった。近鉄は都市部だけでなく、多数のローカル線も抱えている。ローカル線の本数削減を主としたダイヤ改正から推察するに、ローカル線の低迷が運輸成績に響いているようだ。

定期券外、すなわち定期券を持たない利用者も見てみよう。伸び率1位は**南海**である。好調の要因は海外からのインバウンド客だ。ご承知の通り、南海は関西空港へのアクセス路線であり、JRと比較すると運賃が安い。コロナ禍により、インバウンド客は大幅に減少したものの、円安などの影響により、復活傾向にあるといってよい。

一方、**阪急**、**京阪**、**近鉄**は世界有数の観光都市京都を沿線に抱えるが、南海とは異なり、成績は横ばいであった。京都で宿泊するインバウンド客は関西空港駅から京都駅直通のJR特急「はるか」の利用が一般的なのだろう。

次に輸送人員から見る定期券利用者の割合（2021〈令和3〉年度）を見ていく。高い順から近鉄65パーセント、南海64パーセント、阪神57パーセント、京阪56パーセント、阪急55パーセントとなる。一般的に、ローカル線は定期券利用者の割合が多くなりがちだ。

このような視点で見ていくと、近鉄・南海はローカル線が多いことになる。**近鉄**は先述した通り、もともとローカル線が多いが、**南海**は南海本線・高野線であっても末端区間はローカル色が濃くなる。また、汐見橋《しおみばし》線や加太《かだ》線をはじめとするローカル支線も多く、定期券利用者の割合を高めているといえよう。

また、**京阪**は京津《けいしん》線、石山坂本《いしやまさかもと》線といったローカル色が濃い路線を有しながら、定期券利用者の割合は意外と低い。ひとつには、大阪から京都への観光需要が挙げられる。京阪では快速特急「洛楽《らくらく》」や有料座席指定車両「プレミアムカー」など観光輸送に力を入れている。

このように、輸送人員の変遷や定期券利用者の割合からは、各鉄道会社の現状やさまざまな戦略が読みとれる。10年後はどのような成績になるのだろうか。

クレジットカード決済が進展している路線は？

財布に現金がない場合、交通系ＩＣカードに残金がない場合は意外と焦るものだ。２０２３（令和５）年からＪＲ西日本が発行する交通系ＩＣカード「ICOCA」がモバイル対応し、スマートフォンからのチャージが可能になった。とはいえ、モバイル「ICOCA」を持っていない利用者からすると、クレジットカードが使えたほうが何かと便利だろう。

関西大手私鉄のなかで、もっともクレジットカードを利用しやすいのは**南海**である。南海では2021（令和3）年からVisaタッチ決済カードの実証実験を行なってきた。具体的には、タッチ決済対応のVisaクレジットカードを専用の自動改札機にタッチするだけ。要するにクレジットカードが交通系ICカードのように使えるというわけだ。

実証実験自体は2022（令和4）年12月11日に終了したが、Visaタッチ決済カードの利用は12月12日以降も続くこととなった。2023（令和5）年度より利用可能駅が順次拡大し、全駅での利用を目指す。また、南海グループの**泉北**《せんぼく》**高速鉄道**では、日本初となるVisaのタッチ決済機能のあるカード、QR乗車券、交通系ICカードに対応した一体型自動改札機を導入した。

他社は駅の自動券売機でクレジットカードを利用することができる。とはいっても、特急券や定期券のみにとどまり、乗車券には対応していない。つまり、南海は他社より一歩も二歩も進んでいるのだ。

それでは、なぜ南海はVisaタッチ決済にいち早く対応するのだろうか。キーワードは「インバウンド旅客の増加」と「2025年大阪・関西万博」である。

南海は関西空港にアクセスする鉄道会社だ。そして、南海新今宮駅周辺はかつて「労働者の街」として知られたが、ここ数年は「バックパッカーの聖地」になりつつある。空港急行に乗ると新今宮駅からバックパックを背負った若者の訪日観光客をよく見かける。

当然のことながら、訪日観光客は日本の交通系ICカードは持っていない。さらに海外ではシンガポールやイギリス・ロンドンなどの大都市において、Visaのタッチ決済対応の自動改札機が普及している。要は日本が遅れているのだ。

Visaのタッチ決済対応の自動改札機を全駅に導入することにより、訪日観光客の利便性は高まる。また、訪日観光客からのきっぷに

新今宮駅に停車中の空港特急「ラピート」

かんする問い合わせも減り、労働人口減少社会への対応も期待できる。このように、沿線環境からもVisaタッチ決済へ対応する理由が説明できるのだ。

リクライニングシート車にお得に乗れる路線は？

どれだけ座席にこだわりがあっても、横並びのロングシートよりもリクライニングシートのほうが快適、という所見に異論を挟む人はいないだろう。

リクライニングシート車を保有する関西大手私鉄は**近鉄**、**南海**、**京阪**である。リクライニングシート車に乗車するには、乗車券の他に何かしらの特別料金を払う必要がある。そこで、もっともお得にリクライニングシート車に乗車できる路線を探してみたい。

まずは近鉄、南海、京阪にて、リクライニングシート車への乗車の際に必要な特急料金・特別料金を確認しよう。

南大阪線・吉野線を除く**近鉄**の特急料金は、乗車キロ数1～40キロは520円、41～80キロは920円、81～140キロは1340円、141～180キロは1640円、181キロ以上は1930円である。ただし、南大阪線・吉野線の特急停車駅相互間では41キロ以上でも５２０円のままである。

南海は空港特急「ラピート」の「レギュラーシート」は泉佐野〜関西空港以外の区間において、乗車券プラス５２０円で利用できる。同じ南海本線を走る特急「サザン」はロングシートの自由席車両とリクライニングシートの指定席車両で構成される。指定席車両の利用には座席指定券５２０円が必要だが、こちらは全区間均一である。

高野線は難波〜橋本間を結ぶ「りんかん」、泉北《せんぼく》高速鉄道に直通する「泉北ライナー」の特急料金も全区間均一の５２０円だ。一方、「こうや」は難波・新今宮・天下茶屋《てんがちゃや》・堺東〜極楽橋《ごくらくばし》間の特急料金は７９０円、それ以外の区間は５２０円である。

南海特急「サザン」のリクライニングシート

京阪は京阪本線・鴨東《おうとう》線を走る快速特急・特急・快速急行に座席指定車両「プレミアムカー」1両を連結する。「プレミアムカー券」の料金は淀屋橋《よどやばし》・北浜・天満橋・京橋～樟《くず》葉《は》間は400円、樟葉以遠は500円だ。

短距離では、京阪が圧倒的にコストパフォーマンスがいい。とくに34キロ以下の追加料金は400円で済み、1列＋2列を基本とした本格的なリクライニングシートに着席できる。関東圏の人からすると、なんともうらやましい話だ。

一方、近鉄は無停車区間が長いことを考慮に入れないといけない。たとえば、大阪線の主要特急停車駅である鶴橋～大和八木間は33・7キロとなり、大阪と名古屋を結ぶ名阪特急は停車駅が多いタイプであっても途中駅には停まらない。このように、ひとえにリクライニングシート車を使う特急といっても、京阪と近鉄では性格が大きく異なる。

次に、営業キロ60キロ以上の比較だが、これがなかなか容易ではない。南海本線・和歌山港線の「サザン」難波～和歌山港間67・0キロは520円だが、高野線の「こうや」難波～極楽橋63・6キロは790円となり、南海では距離数から考えると遠距離の場合、高野線よりも南海本線・和歌山港線のほうがコスパがいいのだ。

近鉄は大阪線の場合、41～80キロは920円なので、南海高野線と比較しても分が悪い。

一方、南大阪線・吉野線の大阪阿部野橋〜吉野間64・9キロは520円のため、南海「サザン」と肩を並べる。高野山・吉野共に山岳地帯を走るわけだが、南海と近鉄で特急料金の設定が対照的な点がじつに興味深い。

「純粋にリクライニングシート車に座る」というコスパで比較をすると、南大阪線・吉野線以外の近鉄線はコスパが悪いということになる。

ここで終えると近鉄がかわいそうなので、近鉄のリクライニングシートに言及しておこう。通常の特急料金で乗車できる「アーバンライナー」シリーズの座席には「ゆりかご型シート」と呼ばれるリクライニングシートが使われている。座席の背もたれを倒すと座面後方が連動して沈みこみ、通常のリクライニングシートよりも快適だ。「アーバンライナーシリーズ」は主に難波線・大阪線・名古屋線で活躍する。

ところで、**阪急**は2024（令和6）年から京都本線にて有料座席車両の導入を予定している。おそらくリクライニングシート車になるとは思うが、料金設定も含めて注目したいところだ。

3

駅力を比較する

近鉄・南海・京阪・阪急・阪神沿線の

特急停車により、使い勝手が向上した駅は？

「経済格差」や「教育格差」など、何かと「格差」が目につく昨今の日本社会。なかなか一発逆転が難しいのは鉄道駅にもいえることで、普通のみ停車する駅が特急停車駅になることは滅多にない。

そんななかにあって、平成以降に関西大手私鉄で、普通のみ停車する駅から特急停車駅へと大出世を果たした駅がある。それが、**阪神魚崎《うおざき》駅**と**南海天下茶屋《てんがちゃや》駅**である。

阪神魚崎駅は神戸市東灘区にあり、**阪神本線**の主要駅だ。人工島の六甲アイランドへ向かう六甲ライナー魚崎駅とは連絡通路で結ばれる。現在は、直通特急や快速急行も含め全列車が停車する。

しかし、昭和時代は普通しか停車せず、むしろ隣駅の青木駅のほうが快速急行や急行が停まり、存在感があった。転機となったのはＪＲ住吉駅と六甲アイランドを結ぶ六甲ライナーが開業した１９９０（平成２）年のこと。同線の開業により、ＪＲ住吉駅には快速列車が停車するようになった。

　六甲ライナーの開業に合わせ、魚崎駅は現在の橋上《きょうじょう》駅舎になった。そして、１９９１（平成３）年には夕方ラッシュ時に快速急行が停車。以降、次々と優等列車の停車駅となり、２００１（平成13）年には直通特急が停車するようになって、主要駅へ出世した。

　魚崎駅大出世の要因となった六甲アイランドは、ポートアイランドと並ぶ神戸市の人工島だ。島の人口は約２万人、供給戸数は約９０００戸である。

　そのため、島の住民の多くが阪神やＪＲを使って神戸や大阪に通勤・通学する。阪急と比較すると駅周辺の住宅エリアが狭い阪神にとって、六甲アイランドは貴重な存在といえるだろう。

魚崎から梅田へは約25分、難波へも乗り換え無しでアクセス可能

魚崎駅周辺も閑静《かんせい》な住宅街が広がっているが、特筆すべきは駅南側にある酒蔵《さかぐら》だ。魚崎周辺は日本一の酒どころ「灘五郷《なだごごう》」のひとつ「魚崎郷」があり、酒造会社の博物館ではできたての日本酒の試飲も楽しめる。

南海天下茶屋駅は**南海本線・高野線**が乗り入れ、大阪メトロ堺筋《さかいすじ》線天下茶屋駅に接続する。大阪メトロ堺筋線は**阪急京都本線・千里線**と相互直通運転を実施。ラッシュ時や土休日には京都河原町《かわらまち》行きの直通列車が運行される。そのため、天下茶屋駅は京都・大阪府北《ほく》摂《せっ》地域と関西空港を結ぶ重要な結節点《けっせつてん》なのだ。

天下茶屋駅の１日の乗車客数は約２万９０００人（２０２０年）だが、約７０００人が堺筋線天下茶屋駅からの乗換客だ。ちなみに、２０２２（令和４）年の南海１日乗降客数ランキングでは３位に位置する。

このように、関西交通網においても重要な天下茶屋駅だが、大出世の契機になったのは１９９３（平成５）年の堺筋線の天下茶屋駅乗り入れであった。１９９５（平成７）年に高架駅となり、その後、優等列車が次々と停車するようになった。

地上駅時代は南海本線・高野線のホームに普通・各停しか停車しなかった。１９８４（昭和59）年まで、天王寺に到達する南海天王寺支線が乗り入れてはいたものの、都会部を走るローカル線のような雰囲気だった。南海天王寺支線は堺筋線延伸にともない廃止されたが、やはり同じ接続路線であっても、大阪市中心部・京都へ至る堺筋線のインパクトは大きいといえる。

また、２０００（平成12）年以降は、車庫があった駅西側に商業施設「カナートモール」や図書館などが建ち、整備が進められてきた。大阪市は駅周辺のさらなる再開発を計画している。天下茶屋駅は大阪市の南の玄関口として、さらに発展することだろう。

魚崎駅と天下茶屋駅の共通点は、１９９０年代に新線との接続駅になったことだ。接続駅になることで駅舎もグレードアップした。

現在も新線の計画はあるが、両駅のように

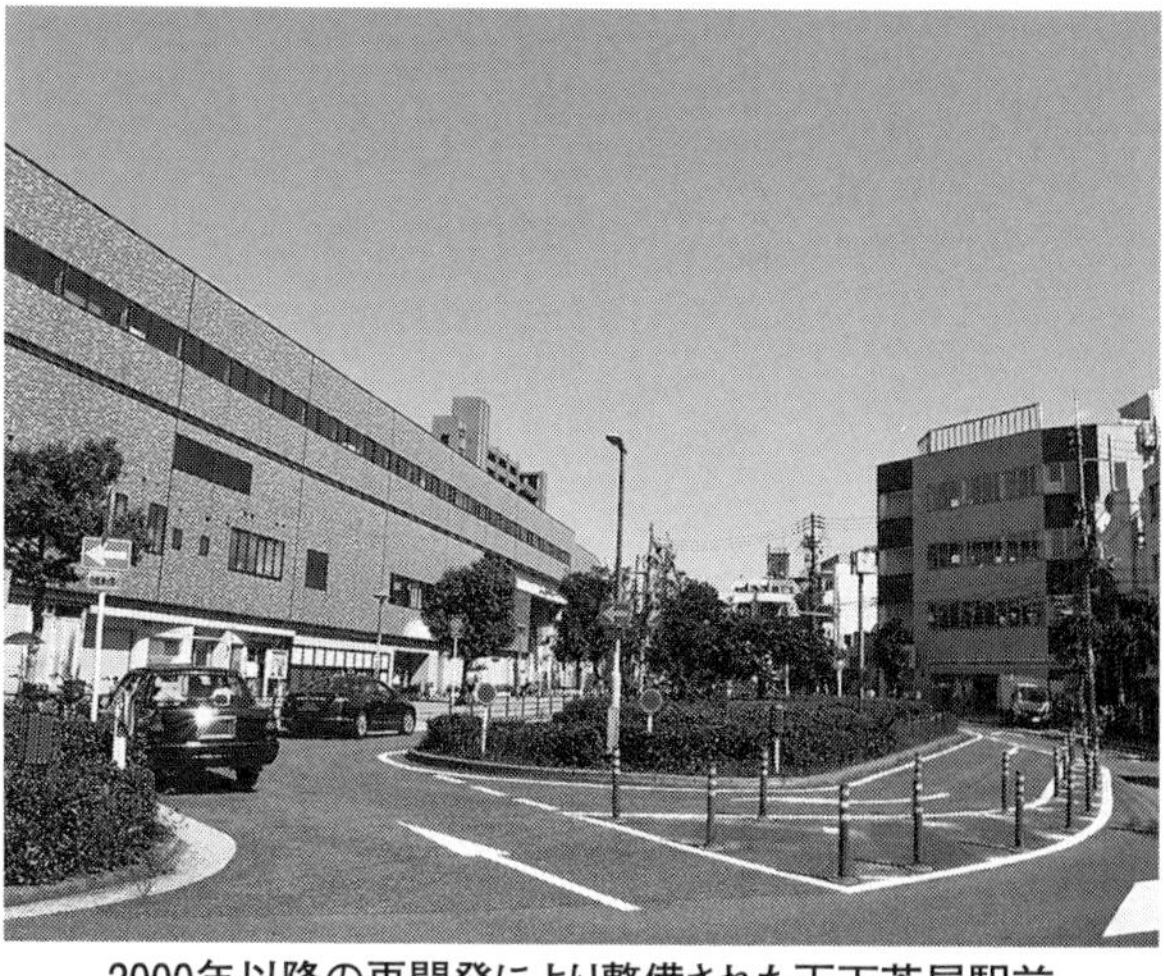

2000年以降の再開発により整備された天下茶屋駅前

大出世する駅は出現するのだろうか。

優等列車の停車が減った阪神本線の駅とは?

通常、ダイヤ改正では特急や快速急行といった優等列車の停車駅を現状維持、もしくは追加するのが一般的だ。仮に優等列車の停車駅を減らすと、停車駅の沿線住民からの反発を招く可能性があるからだ。

ところが、一部時間帯を除き、優等列車の停車駅を減らした鉄道会社がある。それが**阪神**だ。阪神は2022(令和4)年12月ダイヤ改正にて、平日朝ラッシュ時間帯を除き、快速急行は**芦屋駅**《あしや》通過となった。

阪神は近鉄と相互直通運転を開始した2009(平成21)年に神戸三宮〜近鉄奈良間に快速急行を設定した。2022年12月ダイヤ改正以前の快速急行は時間帯にもよるが、神戸三宮、魚崎、芦屋、西宮、今津《いまづ》、甲子園、武庫川《むこがわ》、尼崎の順に停車した。芦屋駅には終日、直通特急と快速急行が停車したのである。

2020(令和2)年3月ダイヤ改正により、土休日において快速急行8両化が進められ、土休日に限り芦屋駅が通過駅となった。芦屋駅の両端には踏切道があり、ホームの延長がかなわなかったからである。

２０２２年12月ダイヤ改正では平日夕ラッシュ時以降も8両編成になった。しかし、6両編成で運行する時間帯も芦屋駅通過となり、沿線住民や地元鉄道ファンを驚かせた。なぜ、阪神は芦屋駅を快速急行停車駅から外したのだろうか。ここでは、乗降客数と芦屋駅の沿線環境から考えてみたい。

西宮～神戸三宮間にて直通特急もしくは快速急行が停車する駅は芦屋駅、魚崎駅、御影《みかげ》駅である。このうち御影駅はホームの構造等により、快速急行は通過する。1日の乗降客数は芦屋駅が約2万6０００人、魚崎駅が約2万8０００人、御影駅が約2万4０００人。一方、快速急行が停車し、直通特急が通過する今津駅、武庫川駅の乗降客数は今津駅が約3万3０００人、武庫川駅が約2万5０００人であった。

単純に乗降客数を比較すると直通特急・快速急行の両方が停車する駅でもっとも乗降客数が少ないのが芦屋駅だ。魚崎駅は六甲ライナーの接続駅であり、六甲ライナー終着駅のJR住吉駅に流れないために優等列車を停車させる必要がある。しかし、芦屋駅から出る支線はなく、JR芦屋駅と至近距離にあるわけでもない。

次に芦屋駅周辺の環境だ。「芦屋市」と聞くと、北側（山側）にある六麓荘町《ろくろくそうちょう》をはじめとする高級住宅地をイメージする人が多いだろう。確かに、芦屋市に高級住宅地としての一面はあるが、あくまでもそれは一部にしかすぎない。阪神芦屋駅より南側には芦屋浜シーサイドタウン（芦屋浜団地）があり、**阪急神戸本線**より北側の地区とは趣《おもむき》が異なる。

芦屋浜シーサイドタウンからの公共交通機関は阪急バスとなり、阪神芦屋駅を経由してJR芦屋駅に至る。JR芦屋駅北側には駅前広場があり、バスターミナルが整備されている。また数々の専門店がある駅ビルを備え、大丸芦屋店も構える。つまり、JR芦屋駅周辺は芦屋市のショッピングセンター街なのだ。

一方、阪神芦屋駅周辺は両端が踏切道ということもあり、駅前広場は整備されていない。阪神芦屋駅バス停はあるものの、駅から少し離れたところにあり、JR芦屋駅と比較すると見劣りがする。また、大規模なショッピングセンターはなく、駅南側にあるのは芦屋市役所である。実際、芦屋浜シーサイドタウンから阪神芦屋を経由せずにJR芦屋駅に直行するバスもある。

2023（令和5）年現在、芦屋駅周辺では高架化の計画も存在しないため、当分はこのまま推移するだろう。それでは、芦屋駅に快速急行が停まらなくなり、ものすごく不便になったかといわれると、そうではない。現在も平日夕方のラッシュ時間帯には直通特急・特急が1時間あたり上下各6本が停車する。

近年開業した駅、その周辺開発は順調に進んでいる？

関西大手私鉄において、2010（平成22）年以降に開業した駅は**阪急京都本線**の**西山《にしやま》天王山《てんのうざん》駅**と**摂津市《せっつし》駅**、そして**南海本線**の**和歌山大学前（ふじと台）駅**である。これら3駅の誕生の経緯と駅周辺の開発について見ていきたい。

西山天王山駅は長岡天神駅と大山崎駅の間にあり、2013（平成25）年に開業した。後述する摂津市駅は2010年開業なので、西山天王山駅は阪急でもっとも新しい駅である。

西山天王山駅は同じく2013年開業の京都縦貫自動車道（沓掛《くつかけ》IC〜大山崎IC）との結節点にあり、当初から道路との関係が深い駅である。

西山天王山駅と高速バスとの関係は112ページに譲るとして、交通結節点だからこそ駅周辺の開発にも熱が入る。2022（令和4）年6月、済生会京都府病院が「京都済生会病院」

と改名したうえで駅北側に移転した。京都済生会病院は288床、20以上の診療科を持つ地域の中核病院であり、地域災害拠点病院としての役割も期待されている。

また、駅周辺ではマンションの建設も進み、近くの小学校も建て替えが予定されている。とくにファミリー層にとって、西山天王山駅は穴場になるのかもしれない。

摂津市駅は正雀《しょうじゃく》駅と南茨木《みなみいばらき》駅の間にあり、約600メートル北にはJR千里丘《せんりおか》駅がある。旧住宅都市整備公団（現・UR都市機構）が、阪急京都本線沿線にあったダイヘン摂津事業所跡地に新しい町を建設する構想を練った。摂津市は「南千里丘まちづくり」の主体者として取り組んだ。

「南千里丘まちづくり」は環境配慮を重視している。もともと、摂津市には工場が多く、緑が少ないことも影響していると考えられる。このような経緯もあり、摂津市駅は駅に起因するCO_2排出量を実質的にゼロにする日本初の「カーボン・ニュートラル・ステーション」として開業した。

摂津市駅周辺では2023（令和5）年度から連続立体交差事業が始まり、2033年度の完成を目指す。摂津市駅は高架駅になることから、駅周辺の風景は様変わりすることだろう。

和歌山大学前（ふじと台）駅は孝子《きょうし》～紀ノ川間に位置し、開業は２０１２（平成24）年。南海本線では新今宮駅以来46年ぶりの新駅開業となった。ここで紹介した駅では唯一の特急停車駅で、難波駅からの所要時間は約50分だ。

地元自治体や和歌山大学が新駅設置を南海に要望したのは、１９８４（昭和59）年のこと。翌年に和歌山大学の一部の学部が現在の栄谷《さかえだに》キャンパスに移転した。しかし、南海は大学周辺の地形により、新駅設置に難色を示した。次に新駅設置のチャンスが到来したのは、１９９３（平成５）年だった。大学周辺の開発で計画が再浮上したが、５年後に肝心の事業主体の企業が会社更生法を申請。最終的に地元の建設会社が受け継いだ。

２０００（平成12）年に入ると、住民が駅周辺の開発にかんする組合をつくり、地元自治体と共に整備に着手。そして、２０１２年に南海に事業費負担を求めない請願駅《せいがん》として開業した。

駅周辺の開発こそが学園城郭都市「ふじと台」である。ふじと台には約７０００人が居住する。パルテノン公園など、ヨーロッパを思わせる施設が目につく。２０１４年にはイオンモール和歌山がオープンした。１日の乗降客数において、和歌山大学前（ふじと台）駅は１００駅中29位である。今後の発展が期待される。

特急停車駅なのに乗降客が少ない駅は何が問題か？

一般的に、特急停車駅は周辺の駅と比較すると乗降客数が多い。ただし、郊外になればなるほど乗降客数が少なくなり、都会にある普通停車駅の利用者からすると「この乗降客数で特急停車駅なのか」と思うかもしれない。ここでは各社の特急停車駅のなかで乗降客最少の駅を見ていこう。

阪急のなかで、昼間時間帯に特急が運行される主要路線は**神戸本線**と**京都本線**である。神戸本線でもっとも乗降客数が少ない特急停車駅は神戸市東灘区の**岡本駅**だ。1日の乗降客数は約2万4000人で、阪急全駅のなかでは26位。ふたつ西隣の六甲駅(24位)よりも、わずかながら乗降客数が少ないのだ。

岡本駅が特急停車駅になったのは1995（平成7）年のこと。同駅が特急停車駅になった要因のひとつがJRの摂津本山《せっつもとやま》駅と近接していることだ。岡本駅と摂津本山駅は約300メートルしか離れておらず、相互の乗り換えが可能だ。摂津本山駅は普通しか停まらないが、ふたつ隣の芦屋駅には新快速が停車する。阪急としては、岡本駅を特急停車駅とすることで、少しでもJR西日本への乗客の流出を食い止めたいという思いがあったのだろう。

京都本線では**長岡天神駅**がもっとも少なく、乗降客数は約2万人。阪急全駅では35位である。確かに特急通過駅の南方《みなみかた》駅や上新庄《かみしんじょう》駅よりは少ないが、高槻《たかつき》市〜京都河原町間の特急系種別通過駅よりは多いため、何とか面目を保っているといえよう。

長岡天神駅が特急停車駅になったのは、京都本線の特急停車駅が大幅に増加した2001（平成13）年のことだ。長岡天神駅は長岡京市の中心地にあり、大阪梅田駅へは約30分、京都河原町駅へは約15分と利便性は高い。

そんな長岡天神駅周辺では再開発が計画され、阪急阪神不動産が手がける地上13階建てのマンション「ジオ長岡天神レジデンス」が建てられる。再開発以後は乗降客数で岡本駅を抜くことがあるかもしれない。

阪神は神戸高速線を除くと、神戸市東灘区の**御影《みかげ》駅**がもっとも少ない。乗降客数は約2万4000人だ。御影駅は2面4線ながらカーブ上にあり、設備面から快速急行は通過する。駅北側には2008（平成20）年にオープンした商業施設「御影クラッセ」、地上47階建てのマンション「御影タワーレジデンス」があり、賑わいを見せている。

近鉄は路線数が多いことから、ここでは**大阪線**の一部区間（大阪上本町～名張《なばり》）を取り上げたい。停車駅が多い「乙《おつ》特急」が停まる駅のなかで、乗降客数最少の駅は奈良県宇陀《うだ》市にある**榛原《はいばら》駅**。1日の乗降客数は約700人だ。榛原駅は宇陀市の玄関口にあり、特急を使うと大阪上本町駅まで約45分でアクセスできることから大阪市の通勤圏内といえる。そのため、のどかな雰囲気を保っているる一方、マンションも目立つ。

続いて、**南海**だ。**南海本線**を見ると、**みさき公園駅**がもっとも少ない。乗降客数は約3500人で、南海全体では56位である。みさき公園駅は**多奈川《たながわ》線**の分岐駅だが、多奈川線自体の利用者がそれほど多くないため、下位

阪神の御影駅。後ろに見えるのは「御影タワーレジデンス」

にとどまる。

そして、みさき公園駅がもっとも打撃を受けたのは、2020（令和2）年3月のみさき公園の閉園である。みさき公園は南海グループが運営し、遊園地や動物園、イルカショーが見られる沿線を代表する観光地であった。1990（平成2）年には、みさき公園の玄関口にふさわしく駅舎が改築されている。しかし、入場者数が減少したことから、63年の歴史に幕を閉じた。

「このまま万事休す」と思うかもしれないが、じつは、みさき公園は運営会社を変更したうえで、2024（令和6）年以降にリニューアルオープンすることが予定されている。リニューアルオープンしたら、再びみさき公園駅も賑わいを取り戻すことになるだろう。

高野線は終着駅の**極楽橋**《ごくらくばし》がもっとも少ない。1日の乗降客数は44人だが、この人数に高野山ケーブルへの乗継客は含まれていない。駅名の由来になった極楽橋は不動谷川《ふどうたにがわ》にかかる朱色の橋だ。駅周辺に人家はなく、あくまでも高野山ケーブルカーへの乗継駅である。

京阪は京都市伏見区の**中書島**《ちゅうしょじま》**駅**と京都市東山区の**七条駅**が並び、共に乗降客数は約9200人（2021年度）だ。中書島駅は**宇治線**の分岐駅であり、ホーム上も賑わいを見せるが、駅そのものの利用者は意外と少ない。

中書島駅はその駅名が示す通り、宇治川や濠川《ほりかわ》などに囲まれており、川中島になっている。島を北側に抜けると伏見桃山駅があり、地形的な側面から中書島駅の利用が少ないと推測できる。駅周辺には坂本龍馬が襲撃された「寺田屋騒動」で知られる旅館、寺田屋が残存している。京都市中心部からの帰りに立ち寄ってみてもいいだろう。

七条駅は400メートル圏内に京都国立博物館があるが、祇園四条駅と比較すると存在感がない。新型コロナウイルス感染症の影響による乗客減が中書島駅よりも顕著だった。

このように、乗降客が少ない特急停車駅にはさまざまな表情があることがわかる。とくに乗り継ぎメインの駅では降りてみると、構内とのギャップの差に驚くことだろう。

JRの新駅が開業したため、乗降客が激減した駅は?

1987(昭和62)年に国鉄が民営化し、JR各社が登場したことは周知の事実である。JR西日本は、関西圏において積極的に新駅を開業してきた。その影響で、乗降客数を大幅に減らした関西私鉄の駅が存在する。ここでは、**阪急総持寺《そうじじ》駅**と**阪神西灘《にしなだ》駅**を取り上げたい。

阪急総持寺駅は**京都本線**にあり、大阪府茨木市に位置する。開業年は阪急京都本線が京阪新京阪線であった１９３６（昭和11）年のことだ。

駅周辺には住宅地が広がる。なお、駅名になっている高野山真言宗の寺院、総持寺は駅から徒歩約５分の場所にある。総持寺駅は普通のみ停車し、２０１７（平成29）年の１日の乗降客数は約１万９０００人であった。

２０１８（平成30）年３月、総持寺駅から約７００メートルの場所に開業したのがＪＲ京都線（東海道本線）のＪＲ総持寺駅である。ＪＲ総持寺駅はエスカレーター・エレベーターのメーカーで知られるフジテックの旧本社跡地に隣接している。跡地には駅前広場が整

阪急総持寺駅前は道路幅の狭さがネックになってしまっている

備され、マンション群が立ち並んでいる。駅前広場には、茨木市内の公共交通を担《にな》う近鉄バスが乗り入れる。

さて、2018（平成30）年の阪急総持寺駅の乗降客数は約1万5000人となり、約2割も減った。JR総持寺駅から大阪駅までの昼間時間帯の所要時間が乗り換えなしの19分なのに対し、阪急総持寺駅から大阪梅田駅までの所要時間は茨木市駅での特急乗り換えを含めて21分である。

運賃もJRと同額であることから、利便性はJRに軍配が上がる。また、阪急総持寺駅の駅前は狭く、バスが乗り入れることは難しい。JR総持寺駅とは異なり、バスの利用者を取りこめない点はなかなか厳しいところだ。

同じく、JR新駅の影響を受けたのが**阪神本線**の**阪神西灘駅**である。阪神西灘駅は神戸市灘区にあり、駅名は「西灘」となっているが、実際はJR灘駅よりも東に位置する。西灘駅も普通しか停車しないが、1974（昭和49）年まで阪神国道線との乗換駅として機能していた。現在も国道2号線を走る阪神バスと接続している。

2015（平成27）年の1日の乗降客数は約6700人であり、阪神線においては乗降客数が少ない駅だ。西隣の岩屋《いわや》駅や春日野道《かすがのみち》駅と異なり、東部新都心「HAT神戸」から離れている点も大きいだろう。

２０１６（平成28）年になると約５６００人に減った。この乗客減の主因になったのが同年３月、西灘駅から約３００メートル北に開業したＪＲ神戸線（東海道本線）の摩耶《まや》駅だ。かつては東灘《ひがしなだ》信号所が存在した。摩耶駅周辺においてもマンション開発が進んでいる。また、西灘駅と比較すると、大阪駅へは10分弱も早く着く。

関西エリアでのＪＲ西日本の新駅開業の特徴は、地元自治体が積極的に誘致した「請願駅」ではなく、地元自治体と協力しながらも、あくまでＪＲ西日本が主体となっている点だ。「ＪＲ西日本による投資」ともいえるだろう。新駅開業にともない、駅周辺のマンション建設等もセットで行なわれる。

当然のことながら、新しく建設されるマンションは新駅との接続が考慮されるから、住民の多くはＪＲ西日本へと流れることは容易に想像がつく。つまり、私鉄からすれば開発の恩恵にあずかれないどころか、逆に既存ユーザーが離れる格好になっているのだ。

もちろん、ＪＲ西日本のすべての新線・新駅が私鉄の利用客を大幅に減らしているわけでもない。新駅開業にともない、大幅に利用客が減少した駅、それほど減少しなかった駅を観察・考察するのも面白いだろう。

JR駅との実際の競合ぶりとは?

時代が令和になり、関西私鉄とJR西日本との関係にも変化が見られる。近年では関西私鉄とJR西日本との共同アプリにかんして協力関係にある。少なくとも、昭和から平成にかけて見られた関西私鉄とJR(国鉄)とのバチバチのライバル関係とは違うように思える。

とはいえ、趣味目線から見ると、関西私鉄とJRとの熱い勝負も時には見てみたいものだ。そこで、駅にスポットを当て、関西私鉄とJRとの興味深い関係を見ていこう。

阪急はJRと競っている駅が多く、正直なところ選定に迷う。そのなかで筆者が選んだのは**神戸本線**の**六甲駅**とJR神戸線の六甲道駅だ。六甲駅から南へ約700メートルのところに六甲道駅があり、六甲駅〜六甲道駅間には神戸市バスがひっきりなしに走る。

1日の利用者数は、六甲駅が乗降者数約2万5000人で、わずかながら特急停車駅の岡本駅よりも多い。一方、六甲道駅の乗車客数は約2万2000人(2021年度)だ。

興味深いのは利用者の年齢層だ。夕方の六甲駅には進学校で知られる六甲学院高校をはじめ、多くの私立高校の学生を見かける。一方、六甲道駅では六甲駅と比較すると学生の姿は少ないように感じる。私立高校に通わせるだけの財力がある家庭は阪急沿線を好むのか、と想像するのは筆者だけではないだろう。もちろん、700メートル歩くのを省《はぶ》くために、阪急を利用することも大いに考えられる。

同じく若者の利用が多く見られるのは**南海新今宮駅**だ。新今宮駅はJR大阪環状線・阪和線・大和路線（関西本線）との接続駅である。**南海本線**とJR阪和線はライバル関係にあり、とくに関西空港への足としてしのぎを削る。

南海新今宮駅から空港急行に乗ると関西空

利用客数はJR駅に劣るが、六甲駅を始発とするバス系統もある

港まで約40分、片道９７０円だ。ＪＲ新今宮駅から関西空港へは関空快速で約50分、片道１０８０円とコスパ的に南海に軍配が上がる。また、ＪＲ新今宮駅を通過する大阪駅・京都駅へ直通する特急「はるか」には中高年の外国人観光客を見かける。おそらく、外国人向けのＪＲ乗り放題きっぷ「ジャパン・レール・パス」を購入できる財力を持つ人はＪＲを選択するのだろう。

もちろん、京都でも外国人観光客が目立つ駅は見られる。伏見《ふしみ》稲荷《いなり》大社の最寄り駅にあたる**京阪本線・伏見稲荷駅**とＪＲ奈良線・稲荷駅はオンシーズンになると外国人観光客で賑わう。

伏見稲荷大社は稲荷駅のほうが近く、新幹線からそのまま「ジャパン・レール・パス」が使える。一方、伏見稲荷駅は京都市中心部から1本でアクセスできるという強みを持つ。しかし、両駅とも京都側の主要駅に近いこともあり、日中時間帯は各停タイプの列車しか停まらない。伏見稲荷駅では多くの観光客が利用することもあり、２０１７（平成29）年には駅のリニューアル工事を実施した。

同じエリアにあり、同じ駅名でありながら、賑わいがまったく異なる例もある。その一例が**阪神本線**の**住吉駅**とＪＲ住吉駅だ。ＪＲ住吉駅は前述したＪＲ六甲道駅の東隣に位置する。ＪＲ住吉駅の乗車客数が約３万人（２０２１年度）に対し、阪神住吉駅の乗降客数は約２３００人にすぎない。じつにＪＲ住吉駅の10分の１以下である。しかも、高架駅でありながらエレベーターなどのバリアフリー設備は皆無《かいむ》である。

なぜ、ここまで差が生まれているのだろうか。まず、ＪＲ住吉駅と阪神住吉駅の間の距離は約７００メートル。両駅を結ぶ路線バスの本数もそれほど多くない。次に駅周辺の環境が異なる。ＪＲ住吉駅には六甲ライナーが乗り入れ、商業施設「Liv」と直結する。

これに対して阪神住吉駅の周辺には商店は見当たらず、主要駅の御影駅とは５００メートルしか離れていない。御影駅は特急停車駅であり、駅前には商業施設「御影クラッセ」がある。この環境下なら住居が阪神住吉駅に近くても、御影駅を利用する人も多いと考えられる。

同じく賑わいに差がある駅としては**近鉄天理駅**とＪＲ天理駅が思い浮かぶ。こちらは賑わっているのが近鉄のほうで、乗降客数が約８３００人。ＪＲ天理駅の乗車客数は２０００人以下（２０２１年度）だ。これは、日中時間帯の列車本数を見ても明らかだ。近鉄天理駅は１時間あたり３～５本が設定され、盛り場の大和西大寺に向かう直通急行もある。

一方、ＪＲ天理駅は奈良行きの列車が昼間時間帯１時間あたり１本しかない。普段は天理教信者向けのメッセージ「おかえり」のステッカーががらんとした構内で目立つだけだが、天理教の行事日には多数の臨時列車が天理駅に到着する。そのための臨時ホームも用意されている。

これほどまでに差が生まれるのは、ひとえに路線環境のせいだ。近鉄天理線は複線であり、大和西大寺駅や奈良市の中心に位置する近鉄奈良駅につながる。JR天理駅を通る万葉まほろば線（桜井線）は単線であり、奈良駅は奈良市の中心地から少し外れる。奈良駅までの各駅はローカル駅であり、盛り場とは無縁だ。

このように、客層まで観察すると、関西私鉄とJRとの間で大きな差が生じる場合がある。もちろん、環境の変化により大きく変わることもあるだろう。

自社名を冠する駅がある路線と無い路線の違いは？

正確に数えたことはないが、関東大手私鉄は関西大手私鉄よりも社名が付く駅名が多いような気がする。たとえば「小田急多摩センター駅」「京王多摩センター駅」「京成上野駅」「京急川崎駅」などのような感じだ。また、構内放送や車内放送においても、律義《りちぎ》に社名をはっきりといい、「この駅はわが社のもの」という主張に個性を感じるのは関西住みが長いからだろう。

反対に関西は社名を付けた駅名は意外と少なく、関東と比較すると社名をはっきりといわない傾向だ。

ところが、社名と駅名の関係を見ていくと、多くの疑問が浮かんでくる。まずは社名が付く駅名が存在しない会社は**阪急**、**阪神**、**南海**である。路線バスで「阪急六甲」や「阪神西宮」といった社名付きのバス停を見かけるが、正式には「六甲駅」「西宮駅」である。例外として阪急「阪神国道駅」が挙げられるが、同駅は国道2号線の通称である「阪神国道」の周辺に存在することから「阪神」という名が付いた。

一方、社名が付く駅名が存在するのが**京阪**と**近鉄**である。京阪は京阪大津《おおつ》京《きょう》駅、京阪膳所《ぜぜ》駅、京阪石山《いしやま》駅、京阪山科《やましな》駅があるが、いずれも**京津《けいしん》線**、**石山坂本《さかもと》線**で構成される**大津線**の駅である。京阪本線をはじめとする京阪線には「京阪」と付く駅名はなく、JRと駅名が重複する「京橋駅」「宇治駅」も「京阪」を冠しない。

なぜ、大津線には「京阪」と冠する駅名が存在するのだろうか。背景として路線の特徴と駅名の歴史が考えられる。もともと、大津線は路面電車風の小ぶりな車両が走り、19

97（平成9）年以前に存在した京津線東山三条〜御陵《みささぎ》間は道路上を走る併用軌道が主体だった。現在もわずかながら併用軌道が存在する。

そのためか、駅名も路面電車風だった。たとえば、京阪山科駅は1953（昭和28）年の改称まで「山科駅前」であった。もちろん、この山科駅は国鉄（当時）の駅である。同じ要領で、同年に膳所駅前、石山駅前はそれぞれ「京阪膳所駅」「京阪石山駅」と改称された。

一方、京阪大津京駅は事情が異なる。2018（平成30）年、「皇子山《おうじやま》駅」から改称した駅で、JR湖西線の大津京駅の近くに存在する。また、残りの3駅は歴史が古い東海道本線に隣接する駅だが、湖西線は1974（昭和49）年開業の比較的若い路線である。「皇子山駅」は湖西線開業前から存在したことから、開業当初から「○○駅前」のような駅名にはならなかった。

改称の理由として、京阪はJR湖西線との乗り継ぎ利用の促進を挙げている。この理由からも、大津線はより地域に根差した路線を目指していることがわかる。

近鉄は近鉄奈良駅、近鉄丹波橋《たんばばし》駅、近鉄宮津駅など、主要駅・ローカル駅にかかわらず「近鉄」を冠する駅名が多数存在する。ただし、2009（平成21）年に「近鉄難波駅」

が「大阪難波駅」に改称されたことから、全体としてはわずかに減少といったところか。

近鉄は数多くの会社を合併した歴史を持つので、社名付きの駅名の歴史もじつに複雑だ。もともと、近鉄の前身である大軌が開業した際は社名付きの駅名は存在しなかった。登場したのは京都線の前身である奈良電気鉄道や伊勢へのアクセスを担った参宮《さんぐう》急行電鉄との連絡輸送を開始した昭和初期の頃である。このとき、八尾、八木、西大寺などの駅名に「大軌」を冠した。

同じ要領で奈良電気鉄道では「奈良電」、参宮《さんぐう》急行電鉄では「参急」を冠した駅名が登場した。その後、1940年代前半に大軌・参宮急行電鉄・関西急行電鉄がひとつになり、社名は「関西急行鉄道」となる。社名付き駅名は「関急」を冠した。

1944（昭和19）年には南海と合併し、現在の社名である「近畿日本鉄道」となった。このときに冠した駅名は「近鉄」ではなく「近畿日本」という何とも厳《いか》めしい駅名だった。しかし、利用者に馴染《なじ》まなかったこともあり、ようやく1970（昭和45）年になって「近鉄」に落ち着いた。

ここで整理すると、たとえば近鉄八尾《やお》駅は八尾→大軌八尾→関急八尾→近畿日本八尾→近鉄八尾という変遷《へんせん》をたどっている。

奈良電気鉄道は１９６３（昭和38）年に近鉄と合併した。「奈良電」を冠した駅は社名なしの駅名となった。一方、丹波橋駅はもともと京阪とホームを共有する共同使用駅であったが、１９６８（昭和43）年に近鉄単独の駅となり「近畿日本丹波橋駅」となった。

最後に、近鉄では他社と駅設備の一部を共有する共同使用駅の場合は原則として「近鉄」は冠さない。たとえば鶴橋駅は、構内にＪＲとの連絡改札口がある。

このように、普段はまったく意識しないような社名付きの駅名の裏には、トリビアが隠されているのだ。

阪急の駅名に「阪神」が付けられた経緯とは？

前項で例外として取り上げたのが**阪急**の**阪神国道駅**だ。ここではもう少し、阪神国道駅を見ていきたい。

阪神国道駅は**今津南線**（西宮北口〜今津）の唯一の中間駅である。同駅は国道2号線の付近にあり、ＪＲ神戸線と阪神本線の間に位置する。開業年は１９２７（昭和２）年だ。

阪神国道駅の「阪神」は阪神電気鉄道のことではない。駅付近にある国道2号線は大阪と門司《もじ》を結ぶが、このうち大阪～神戸間は通称「阪神国道」と呼ばれているのだ。阪神国道は阪神国道駅の開業前年の1926（昭和元）年に開通した。そのため、阪神国道駅は当初から高架駅となっている。

阪神国道には路面電車の阪神国道線が開業し、阪神国道駅の近くにも電停が新設された。停留所名は「阪神国道駅前」ではなく「北今津」となった。

当然のことながら、北今津電停では阪急線との乗換客が存在したと思われるが、それでも阪急に合わせなかったところが、当時の阪急と阪神の関係を示しているようだ。

阪神国道線廃止後も阪神国道には阪神バスが走る。長らく、阪神バスのバス停は「北今

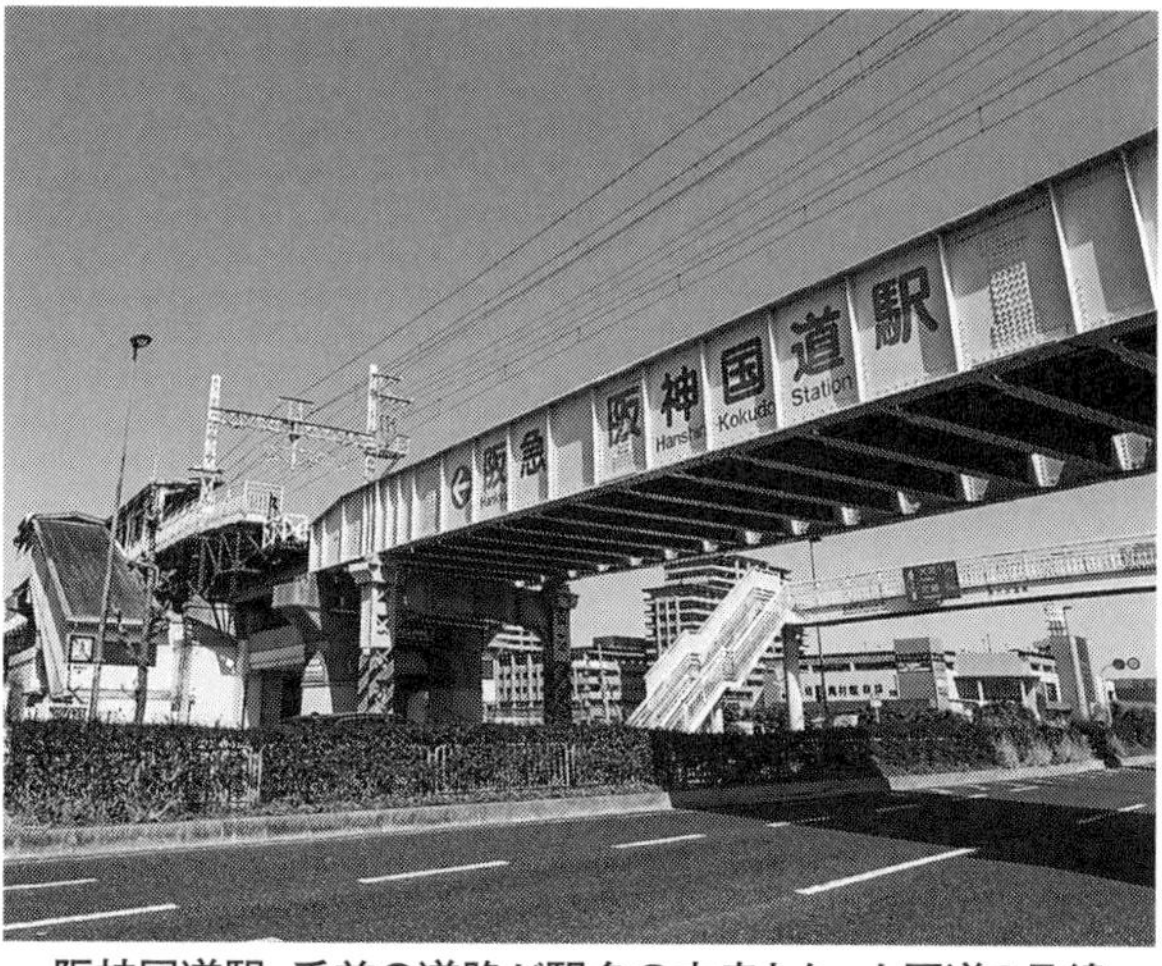

阪神国道駅。手前の道路が駅名の由来となった国道2号線

津」であった。転機となったのは2009（平成21）年、「阪神国道駅前」に改称された。改名の3年前の2006（平成18）年に阪急と阪神が合併し、「阪急阪神ホールディングス」になったが、少なくとも昔のような対立関係ではないことも背景にあるのだろう。

ところで、阪神国道駅にはもうひとつ、興味深い話がある。じつは、阪神国道駅は阪急全駅のなかでもっとも1日の乗降客数が少ない駅なのだ。しかし、最下位といえども約3400人を記録するあたりは、さすが阪急といった感じだろうか。

現在、同駅の東側には広大な空き地がある。もともとはアサヒビール西宮工場があった。この広大な空き地がある分、乗降客数が少ないのも納得がいく。また、阪神国道駅から1キロメートル圏内には阪神本線の今津駅がある。わざわざ乗り換えが必要な阪神国道駅を利用せず、急行停車駅の今津駅に出向くことは十分に考えられる。

そんな阪神国道駅だが、2026（令和8）年度には最下位を脱出する可能性がある。跡地に新病院「西宮総合医療センター（仮称）」ができるからだ。新病院は地域の基幹病院としての役割が期待され、2026年度の完成を目指している。最寄り駅は阪神国道駅ということになり、利用者増が期待できる。

平成以降、廃止されてしまった駅がある路線は?

意外に思われるかもしれないが、平成以降、関西大手私鉄において廃止になった駅はそれなりの数がある。

たとえば、1997(平成9)年10月に京都市営地下鉄東西線が開業した際は、**京阪京津線京津三条~御陵間**が廃止になり、京津三条駅を含む5つの駅が消滅した。また、2005(平成17)年11月には利用者の減少により、南海和歌山港線の中間駅が廃止になった。

一方、利用者の減少でもなく、かといって一部路線の廃止の影響でもない、路線の高架化により廃駅になったのが**阪神**の**西宮東口駅**である。

西宮東口駅は阪神本線の西宮~今津間にあったが、2001(平成13)年に廃止された。廃止当時は普通しか停車せず、主要駅の西宮駅から400メートルしか離れていなかった。しかし、西宮駅よりも西宮市役所や県立病院に近く、一定の需要は存在した。

そんな西宮東口駅を廃止に追いこんだのが、久寿川《くすがわ》~香櫨園《こうろえん》間の高架化工事であった。高架化工事により、西宮駅は駅ビルを併設した高架駅となった。同時に駅舎が200メートル東へ移動することになり、西宮東口駅は西宮駅に統合されることになったのだ。

廃止直前の西宮東口駅は上り線（尼崎方面）が地上ホーム、下り線（元町方面）が高架ホームとなり、高架ホームにはエレベーターが設置された。廃止の運命にある駅にもかかわらず、エレベーターを設置するあたりに「関西私鉄王国」のサービス精神が見られる。

廃止から20年以上が経過したが、現在も西宮東口駅の痕跡《こんせき》をたどることができる。駅の跡地には公園が設置され、公園付近には同駅の解説を記した碑がある。また、駅跡地からJR西宮駅方面にかけて商店街があるが、現在も「東口商店街」を名乗っている。

余談だが、西宮東口駅以外に「西宮○口」を名乗る駅はあるのだろうか。もっとも有名なのは阪急の西宮北口駅だ。西宮北口駅は西宮市を代表する駅どころか、阪神間の主要駅である。なお、阪神西宮駅、JR西宮駅、阪急西宮北口駅は一直線上には並んでいない。

西宮西口駅は1974（昭和49）年まで阪神国道線に存在した。「駅」といっても、阪神国道線自体が国道2号線を走る路面電車だったので、「停留所」といった感じだった。現在も国道2号線には阪神バスが走るが「西宮西口」という停留所は存在しない。

最後に「西宮南口」だが、阪神バスに「阪神西宮南口」停留所はあるが、後にも先にも駅としては存在しない。

4

近鉄・南海・京阪・阪急・阪神沿線の
教育環境を比較する

関西の大手私鉄と大学は「持ちつ持たれつ」の関係

関西にも関東に負けず劣らず多くの大学が存在する。大学と関西大手私鉄はいっけん関係なさそうに見えるが、じつは興味深い関係が隠されている。

そもそも、関西にある難関私立大学「関関同立《かんかんどうりつ》」の歴史あるメインキャンパスはＪＲ線沿いにはない。これは単なる偶然ではない。郊外へ新線を延ばす私鉄が、大学と関係を持った結果なのだ。

「関関同立」のなかでは関西大学（関大）、関西《かんせい》学院大学（関学）のメインキャンパスが**阪急**沿線にある。関大は、関西法律学校として１８８６（明治19）年に大阪市内に開校した。すでに明治中期には「関西大学」と称してはいたが、実際には専門学校令による学校であり、大学への昇格を目指していた。

関西大学に限らず、大学昇格には学舎を構えるための広大な土地が必要になる。そこで、関大は早くから北大阪電気鉄道（現・阪急千里線）沿線の千里山に着目《ちゃくもく》したと考えられている。なぜなら、北大阪電気鉄道の創立発起人、並びに沿線開発を担当した大阪住宅経営株式会社の専務取締役が関大の監事、幹部だったからだ。

1922（大正11）年に関西大学は千里山に学舎を新設し、大学令により大学に認可された。大学近くには大学前駅（現・関大前駅）が設けられ、交通至便な大学になった。

関学も事情は関大に類似しているが、**阪急**が深くかかわっている。関学はアメリカの南メソジスト教会によるミッション・スクールとして1889（明治22）年に設立された。当初は、現在の阪急王子公園駅近くにある原田の森を拠点としたが、大学昇格にはさまざまなハードルが立ちはだかった。

そこで、関学に手を差し伸べたのが阪急なのである。阪急が原田の森キャンパスの校地

関西大学の千里山キャンパス

を買い取り、その資金を元手に関学が西宮上ケ原《うえがはら》キャンパスを建設。残った資金は関学の財政基盤に充てることを盛りこんだ協定が阪急と関学との間で結ばれた。

関学は、西宮上ケ原キャンパスに移転後の1932（昭和7）年に大学令により大学昇格を果たしている。キャンパスの最寄り駅は**阪急今津北線**の**甲東園《こうとうえん》駅**だ。このような歴史があることからか、阪急と関学の交流は現在でも続いており、関学生協では阪急とのコラボグッズが販売されている。

阪急沿線には関学以外にも数多くの学校が存在する。学校を誘致したのは阪急の創立者である小林《こばやし》一三《いちぞう》だが、有名学校の存在が沿線のブランド化につながると読んだと考えられる。

少々、話は脱線するが、関東では関西大学と関西学院大学との関係を早稲田大学と慶應義塾大学のような熱いライバル関係だと思っている人がいる。確かに、関大と関学が対決する定期戦はあるが、早慶のようなバチバチのライバル関係ではないように感じる。両校は同じ阪急沿線にはあるが、関大は大阪府、関学は兵庫県にある大学であり、早慶のように同都府県ではないことも大きいように思う。

一方、**京阪**は「損切り」による学校誘致を行なった。京阪は1930（昭和5）年に阪急京都本線の前身にあたる新京阪鉄道と合併。同時に100万坪を超える土地を保有することになった。

しかし、当時は昭和恐慌であり、京阪も土地経営の不振に悩んだ。そこで、京阪は土地を無償もしくは安価で提供し、学校等の施設を誘致することに決めた。端的《たんてき》にいえば損切りであるが、生徒による鉄道利用者の増加や沿線の文化向上を期待しての策であった。

この策を利用した大学として、現在の大阪歯科大学、関西医科大学が挙げられる。京阪の作戦はおおむね成功し、沿線文化の向上にも寄与した。ちなみに、京阪沿線にある龍谷《りゅうこく》大学深草キャンパスは同大学が戦後に米軍の駐留地を取得した結果であり、大阪歯科大学、関西医科大学とは事情が異なる。

このように、関西大手私鉄は大学の発展に大きく貢献してきた。大学はとかく国との関係が注目されがちだが、民間会社の貢献度も忘れてはならない。

大学キャンパスの「都心回帰」が進むなか、要注目の駅は？

前項でも記した通り、大学は都心から少し離れた郊外に多い。しかし、近年は郊外から街の中心にキャンパスを移す「都心回帰」の現象も見られる。

在宅から通う学生の多くは公共交通機関を利用するため、大学の「都心回帰」は鉄道会社にとっても無視できない話だ。そもそも、なぜ関西圏の都心に大学が少ないのか。これには1959（昭和34）年に施行された工場等制限法が関係する。

工場等制限法は都心の過密を防ぐため、首都圏や関西圏をはじめとする大都市圏に適用された。適用区域では1500平方メートル以上の床面積を持つ大学教室の新設・増設が禁じられ、新キャンパスを郊外に設置する動きが加速したのである。

2002（平成14）年に工場等制限法は廃止となり、大学の「都心回帰」が始まった。「都心回帰」は首都圏が先行した印象があるが、関西圏も負けてはいない。

その代表例が神戸市にある王子公園の再整備計画である。王子公園の最寄り駅は**阪急神戸本線**の**王子公園駅**だ。王子公園は同駅から徒歩圏内にあり、園内には王子動物園、王子スタジアム、スポーツ施設などがあり、一般的な「公園」とは少し異なる。

神戸市は2022（令和4）年末に王子スタジアムを公園北側に新築・移転したうえで、スタジアム跡地に大学を誘致する方針を策定した。広さは約3・5ヘクタールとなり、100億円で売却する。2023（令和5）年に入り、神戸市は公募を実施。最終的に関西学院が名乗りを上げた。順調に進むと2026（令和8）年度末に土地が引き渡される予定だ。

関学は現在、西宮上ケ原キャンパス以外に西宮聖和キャンパス、神戸三田《さんだ》キャンパスなどを有する。このうち総合政策学部と理工系学部が入る神戸三田キャンパスは兵庫県三田市にあり、大阪梅田からキャンパス行きの直通バスでも約1時間を要する。

アクセス面から考えると王子公園は圧倒的に有利だ。阪急神戸三宮駅から王子公園駅までは約5分、大阪梅田駅からは約30分だ。約3・5ヘクタールという敷地面積を考えると王子公園をメインキャンパスにすることは難しく、西宮市内にあるキャンパスと神戸三田キャンパスから、それぞれ一部を移転させ、「文理融合」をめざすという。

関学は王子公園駅近くの原田の森で誕生した。場

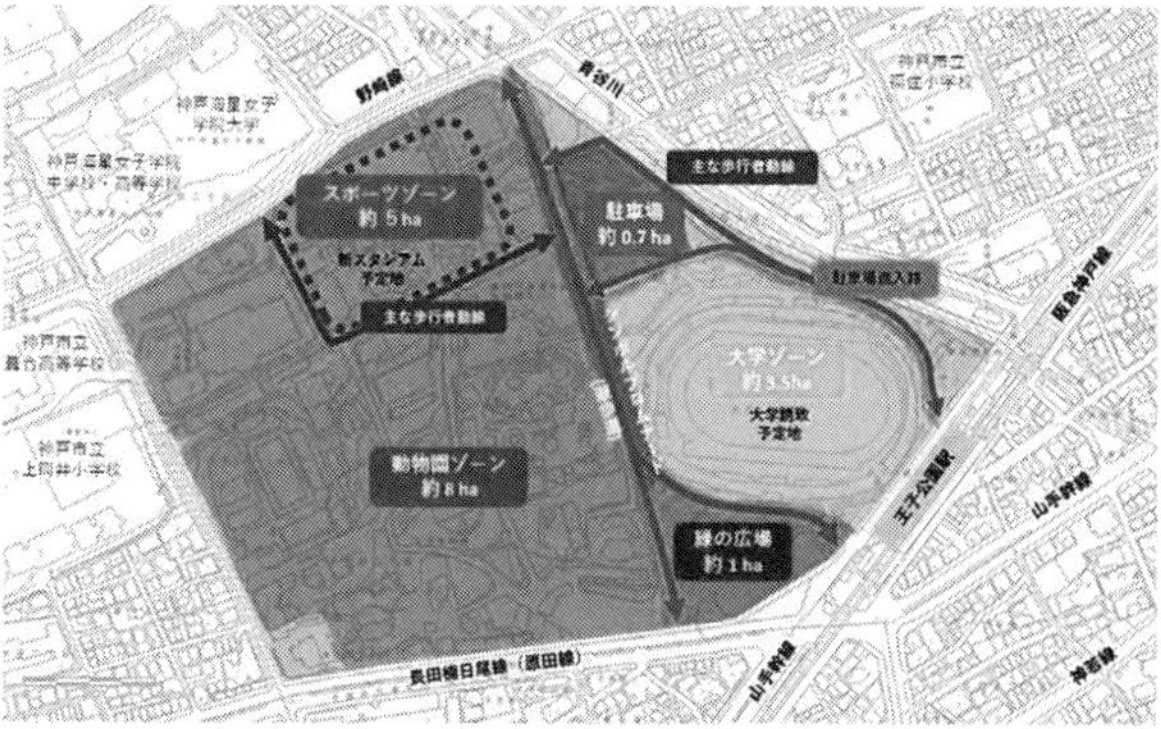

王子公園再整備のイメージ。東側が関西学院大学のキャンパスになる予定

＊神戸市ホームページより

所は少し異なるが、もし関学が王子公園にキャンパスを設置したら、「里帰り」が実現することになる。また、阪急との深いかかわりから、関学の「里帰り」実現のあかつきには、阪急も何かしらの企画を行なうのだろうか。

　大学の設置は沿線ブランドを高めるだけでなく、産官学連携など地域の発展にも大きく寄与する。鉄道、大学好きな筆者としては関学の「里帰り」を早く見たいものである。

大学との連携に熱心な関西の大手私鉄は？

　以前から民間企業と大学との連携「産学連携」を耳にする。鉄道会社も産学連携には積極的な姿勢を示しているが、とかく大学の最寄り駅の駅名変更が注目されがちだ。それだけではあまりにもったいない。関西大手私鉄の産学連携においてちょっぴりユニークな成果を見ていこう。

　阪神は阪急と比較すると沿線に大学こそ少ないが、武庫川《むこがわ》女子大学との産学連携に力を入れる。阪神が武庫川女子大学と包括連携協定を締結したのは２０１８（平成30）年だ。

そして、この連携で生まれた成果が**鳴尾《なるお》・武庫川女子大前駅**の高架下空間を活用したプロジェクトだ。

阪神は積極的に立体交差事業に取り組み、２０１７（平成29）年3月に阪神本線甲子園～武庫川間が高架線となった。阪神は中間駅にあたる鳴尾駅（現・鳴尾・武庫川女子大前駅）の高架下空間の活用について武庫川女子大と検討を重ねた。その結果、武庫川女子大が大学と地域とのつながりを意識した各種施設をつくることになったのである。

２０１９（令和元）年10月、「武庫女ステーションキャンパス」が高架下に開設された。ステーションキャンパスにはレクチャールームが設置され、一般市民が受講できるオープンカレッジやセミナーが開催される。また、ステーションキャンパスにあるカフェの店名「Lavy's Café」は武庫川女子大の公式キャラクターに由来する。

このようなユニークな取り組みは社会的評価も高く、２０２２（令和４）年度「グッドデザイン賞」を受賞した。

京阪は２０１７（平成29）年度から龍谷大学と提携するかたちで、学生が京阪沿線の地域を活性化するプロジェクトに参加している。２０１９年度は石清水八幡宮《いわしみずはちまんぐう》への玄関口である**八幡市《やわたし》駅**（現・石清水八幡宮駅）周辺の活性化がプロジェクトのお題となった。

学生は博物館や観光協会などを取材し、方策を検討。最後に京阪社員や地元自治体の首長の前で発表を行ない、質疑応答を通じて社会人との交流を図った。

鉄道会社にとって大学との産学連携は、少子高齢化社会において大学から地域活性化のヒントを得たいという意図がある。鉄道会社にとって、大学という研究機関、学生からのアイデアは新鮮に映るのだろう。

沿線に大手予備校が集まる路線は？

大学進学率が50パーセントを超え、「大学全入」というワードもすっかり定着した感がある今日この頃だ。えり好みしなければ何かしらの大学に入学できるとはいえ、少しでも偏差値の高い大学に入学したいという学生の気持ちは変わらない。

学生の受験勉強を強力にサポートするのが大手予備校だ。ここでは京都府、大阪府、兵庫県にある河合塾、駿台《すんだい》予備学校、東進衛星予備校が運営、もしくは系列の校舎、教室の総数を関西大手私鉄の沿線別に振り分けたい。

結果は一目瞭然《いちもくりようぜん》で、関西大手私鉄のなかで大手予備校がもっとも多い沿線は**阪急**沿線である。駅数や路線数も考慮する必要があるとはいえ、大阪府では阪急が近鉄に約10校差をつけての勝利であった。

予備校ごとに見ると、河合塾は重点的に阪急沿線に校舎、教室を設置していることがわかる。たとえば、医学部受験者向けの「医進館」も有する大阪北キャンパスは、大阪梅田駅茶屋町口から徒歩約10分だ。校舎の周辺は梅田から至近距離とは思えないほど落ち着いており、集中して勉強に取り組めそうな気がする。また、梅田にも大手予備校の校舎、教室は多く、互いにしのぎを削る。

一方、難波は校舎、教室がターミナル駅のわりには少ない。その代わり、近鉄線でふたつ東隣の大阪上本町《うえほんまち》駅には大手予備校が集中する。梅田と難波はどちらも大阪を代表するターミナル駅ではあるが、ハイソな雰囲気漂う梅田のほうが勉強に打ちこみやすいということだろうか。

ところで、なぜこれほどまでに阪急沿線に大手予備校が多いのだろうか。ひとつには所得差が考えられる。2章で見た通り、所得の高い自治体は阪急沿線に多い。大手予備校の授業代はけっして安くはない。やはり、所得の高い家庭は大手予備校に通いやすいことは容易に察しがつく。

ふたつ目は、阪急沿線が受験勉強へのモチベーションが高まりやすい環境にあることだ。阪急沿線には単に多数の大学があるだけでなく、偏差値の高い大学が多い。難関私立大学グループ「関関同立」に属する関西大学・関西学院大学、並びに国立大学の大阪大学・神戸大学も阪急沿線にある。憧れの大学の学生を見ると、おのずと「受験勉強を頑張ろう」という気になるだろう。少なくとも筆者はそうだった。

路線別に見ると、**阪急神戸本線**が目立つ。とくに**岡本駅**は特急停車駅とはいえ、１日の乗降客数は約２万４０００人しかない。それにもかかわらず、大手予備校が運営する教室が３教室もある。これはＪＲ摂津《せっつ》本山《もとやま》駅からの集客も考慮に入れているのだろう。

大手予備校の校舎、教室数は沿線格差、教育格差をクッキリと映し出す、じつに興味深いデータといえる。

近鉄が小学生のプログラミング教育に参入した理由は？

近年は小学生の間でもロボット教育が盛んだと聞く。それも単にロボットを動かすだけではなく、ロボットに指示するプログラムまで作成するというから恐れ入る。

じつは関西大手私鉄のなかに、このロボット教育に力を入れている会社がある。もっとも力を入れているのは**近鉄**だろう。近鉄はロボットプログラミング教室「ロボ団」を運営する「夢見る株式会社」と協力関係にある。2019（令和元）年には、新プロジェクトとしてオリジナルのプログラミング教育コンテンツの共同開発を発表した。

また、近鉄のサポートにより、「ロボ団」を沿線で展開。2023（令和5）年7月現在、「ロボ団」直営校は関西に18校あるが、そのうち3校が奈良県内にあり、どれも近鉄沿線である。残りの15校が大阪府と兵庫県にあることを考慮すると、健闘しているといっていいだろう。

2021（令和3）年5月には、近鉄とのコラボ校「ロボ団 Supported by KINTETSU大和西大寺校」が開校した。スクール内には近鉄特急が大きく描かれ、近鉄との関係がわかる。

授業の一例を見てみると、子どもたちが電車ロボットを組み立て、各人に配布されたタブレットで電車ロボットを動かすためのプログラムを作成。半周ぴったりに停めるといったミッションを通じて、子どもたちは楽しく考えながらプログラミングしていく。教育内容はもちろん、駅チカなので、通いやすい点も大きな強みだ。

それでは、近鉄がロボットスクールをサポートするメリットは何だろうか。ひとつには子どもたちに鉄道と近鉄に興味を持ってもらうことだ。少子化が叫ばれているなか、少しでも将来の顧客を確保したい鉄道会社の涙ぐましい努力が垣間《かいま》見られる。

ふたつ目は沿線に教育が充実した「文教地区」というイメージを植えつける狙いがある。関西圏において「文教地区」のイメージが強いのは阪急沿線だ。近鉄沿線にも有名大学・高校はあるが、阪急沿線と比較すると「まだまだ」という感がある。昔から根付いたイメージをひっくり返すのは難しいが、「ロボ団」をコツコツと沿線に展開することにより、親世代に選ばれる沿線になってほしいものだ。

阪急阪神ホールディングスもロボット教育にかかわっているが、近鉄とは大きく異なる。阪急阪神ホールディングスのグループ会社「ミマモルメ」と読売テレビ放送で構成されるプログラボ教育事業運営委員会が全国にロボットスクールを展開している。ただし、こちらは近鉄とは異なり、鉄道色は薄いといっていいだろう。

近鉄の事例を見る限り、ロボット教育と鉄道の相性はよさそうに思える。今後、他の関西大手私鉄がロボット教育に参入するのか、注目したい。

沿線の治安が良い路線は？

沿線比較を話材にした世間話において、必ずテーマに挙がるのが治安である。誰しも治安が良い地域に住みたがる一方、治安の悪い地域にも関心がある。とくにファミリー層が住まいを選ぶときには大いに気になる視点だろう。

しかし、治安の「良い」「悪い」はイメージで語られがちなのが世の常《つね》だ。しかも、県庁所在地や政令指定都市の治安はニュースにも挙がることから想像がつくが、それ以外の市の治安を把握するのは難しい。

ここでは、大阪府、京都府、兵庫県で、関西大手私鉄が走り、かつ県庁所在地以外で犯罪が少ない市を調べてみた。なお件数については四捨五入をしている。

まずは大阪府だ。２０２２（令和４）年の１０００人あたり刑法犯罪認知件数４件未満の市は枚方《ひらかた》市、交野《かたの》市、河内長野市で、このうち枚方市、交野市は**京阪沿線**である。枚方市と交野市は隣接し、いわば「治安良好エリア」を形成する。

大阪市内から枚方市へは特急で約20分なので、住環境だけでなくアクセス面も優れている。また、京阪グループでは枚方市駅の再開発事業を進めている。

目玉は枚方市駅と商業施設、オフィス、ホテル、賃貸タワーレジデンスが一体となった複合施設だ。開業は2024(令和6)年夏頃を予定。大阪府屈指の治安の良さも複合施設の追い風になりそうだ。

そして、河内長野市の中心駅、河内長野駅には**南海高野線**と**近鉄長野線**が乗り入れるが、大阪市中心地への所要時間は南海が勝る。

京都府において、刑法犯罪認知件数1000人あたり2件台の市町村は長岡京市、城陽《じょうよう》市、木津川《きづがわ》市である。

長岡京市は**阪急京都本線**が走り、大阪と京都の間に位置する。同市の人気は交通アクセスだけでなく、住環境の良さもあるだろう。

城陽市は**近鉄京都線**が通り、久津川《くつかわ》駅、寺田駅、富野荘《とのしょう》駅が市内にある。いずれも急行は停まらず、市役所の最寄り駅はJR奈良線の城陽駅だ。

木津川市は奈良県に接し、近鉄高の原駅近くにある「イオンモール高の原」は京都府木津川市と奈良県奈良市にまたがる珍しいショッピングセンターだ。なお、急行停車駅の高の原駅は奈良県奈良市となり、木津川市にあるのは木津川台駅だ。木津川台駅は急行通過

年間の刑法犯罪認知件数が少ない関西大手私鉄沿線（2022年）

【大阪府】

市町村名	認知件数	人口（人）	人口1000人あたり件数
交野市	242	77,363	3.1
河内長野市	327	99,926	3.3
枚方市	1,458	396,252	3.7

【京都府】

市町村名	認知件数	人口（人）	人口1000人あたり件数
長岡京市	164	81,935	2.0
木津川市	194	80,109	2.4
城陽市	192	74,729	2.6

【兵庫県】

市町村名	認知件数	人口（人）	人口1000人あたり件数
宝塚市	817	223,862	3.6
川西市	617	151,024	4.1
神戸市東灘区	987	211,275	4.7

＊各府県ホームページより作成

駅であり、１９９４（平成６）年開業の若い駅だ。

兵庫県は刑法犯罪認知件数１０００人あたり３・６件の宝塚市が挙げられる。「宝塚」といえば**阪急**の牙《が》城《じょう》だ。宝塚駅周辺には宝塚大劇場があり、文化都市の雰囲気が漂う。そのような雰囲気も犯罪抑制につながっているのだろう。

最後に大阪市、京都市、神戸市の刑法犯罪認知件数も確認しておこう。大阪市は１０００人あたり約12件、京都市は約５件、神戸市は７件となる。

大阪府の犯罪認知件数の高さがど

うしても目立つ。一方、行政などの努力により、刑法犯は2001（平成13）年のピーク時よりも約80パーセントも減少しているのだ。

犯罪率はゆるぎないデータとして参考にしつつ、行政などによる犯罪対策を加味して考察することが大切だといえる。

5

近鉄・南海・京阪・阪急・阪神沿線の

交通事情を比較する

グループ会社のバス路線に力を入れる鉄道会社は？

関西大手私鉄の駅を起点とするバス路線には、ユニークな路線もあれば、復活が期待される路線もある。また、鉄道と比較すると表には出にくいが、なかなか興味深い裏話があるのも事実だ。

まずは**近鉄バス**だ。近鉄バスは主に大阪府内を走り、近鉄線のサポート役に徹する。京都府にも路線網を持つが、京都市伏見区エリアに限られる。それも竹田駅〜向島《むかいじま》駅間と向島駅周辺を循環する系統のみだ。近鉄京都線の路線距離（34・6キロ）を考えると、もう少しバス路線網があってもいいような気がする。ところが、近鉄京都線の主要駅からの路線バスの主役は京阪の子会社の**京都京阪バス**なのだ。

なぜ、近鉄京都線沿線では近鉄バスよりも京阪系列のバスのほうが目立つのだろうか。この背景には、近鉄京都線自体の歴史が関係している。

京都線は１９２８（昭和３）年に開通したが、もともとは奈良電気鉄道（奈良電）の路線であった。奈良電は近鉄の前身である大阪電気軌道（大軌）と京阪との合弁会社である。

1940年代から奈良電が苦境に陥《おちい》り、1950年代末から近鉄は奈良電の株の買い占めに走った。京阪も対抗するも、近鉄の勢いは止められなかった。そこで、関西電力社長が仲介役となり、近鉄と京阪が交渉のテーブルについたが、協議はなかなかまとまらなかった。

最終的に、近鉄が京阪の保有する奈良電株を買い取り、奈良電を傘下に置くことに。京阪は近鉄が持つ京都～奈良間のバス事業を受け持つことになった。奈良電株の近鉄への譲渡を経て、1963（昭和38）年に大和西大寺～京都間は近鉄の一路線とあいなったのである。要するに京都～奈良間において、近鉄は鉄道、京阪はバスを担当することで決着を見たのだ。

近年、**京阪バス**は「ステーションループバス」が話題となっている。ステーションループバスは京阪七条駅とJR京都駅を結ぶことを目的に2019（令和元）年に開通した。2020（令和2）年7月には梅小路《うめこうじ》への延伸を果たし、京阪が手薄だった京都市西側にも乗りこんだ。2022（令和4）年9月には再びルートを変更し、梅小路に加えて十条へも乗り入れた（十条乗り入れは現在廃止）。

運賃システムもユニークだ。片道230円を基本とするが、京阪電車と「ステーションループバス」が乗り入れる「ザ・サウザンド京都」「京都センチュリーホテル」「ホテルエミオン京都」の利用者は片道１００円（一部区間）で利用できる。しかも電気バス（ＥＶバス）で運行されており、京阪バスの本気度を感じさせる。

バスといえば、鉄道沿線と空港を結ぶリムジンバスもなかなか興味深い。**関西空港交通**は２０１６（平成28）年4月に毎年11月30日までの季節限定ながら、関西空港と高野山を結ぶリムジンバス路線を開設した。

ダイヤは1日1往復、所要時間は1時間45分。通常の大型バス車両での運行が道路環境から難しいため、国際空港に乗り入れるリムジンバスには珍しく、コンパクトサイズのバ

「ステーションループバス」の
乗継割引券発券機

スになった。

その後、コロナ禍による運休を経て、２０２２（令和４）年は10月1日から12月11日まで運行した。

ところで、２０２３年9月に入り、大阪府南部を拠点に路線バスを展開している**金剛バス**が全バス路線の廃止を発表した。廃止時期は12月だという。地域への衝撃度は凄《すさ》まじく、地元自治体が近鉄バスや南海バスに路線継続を要請している。

「阪急VS阪神」の名残を留めるバス路線とは？

宝塚は言わずと知れた「阪急帝国」の街だが、尼崎から宝塚へ乗り入れるのは阪急バスではなく**阪神バス**である。まるで、阪神の負け惜しみのようにも見えるが、このバス路線の背景には**阪急**と**阪神**の熾烈《しれつ》な争いの歴史がある。

宝塚は阪急の前身にあたる箕面有馬《みのおありま》電気軌道の終着駅であり、創業者の小林一三《こばやしいちぞう》が宝塚歌劇団をつくり、沿線開発に力を入れたことは周知の事実である。そんな阪急の牙城《がじょう》に手を伸ばしたのが阪神であった。

事のはじまりは1920年代にさかのぼる。1922（大正11）年、「宝塚尼崎電気鉄道（尼宝《にほう》電鉄）」が尼崎と宝塚を結ぶ鉄道線の敷設《ふせつ》を計画した。その後、敷設免許を得て、阪神が尼宝電鉄への出資を決めた。

当初は起点駅を阪神出屋敷《でやしき》駅にしたが、梅田への直通運転を考慮し、阪神尼崎駅に変更した。阪神尼崎駅から宝塚へのルートは直線が多く、梅田〜宝塚間の所要時間は阪急宝塚本線経由よりも約20分短縮できると踏んだのである。

一連の阪神の動きに対し、小林一三が黙っているわけがない。阪急は伊丹線の宝塚延伸、そして塚口《つかぐち》から南へ延伸し、さらに阪神線の南側を走り、今津まで至る路線を申請した。阪神も海側に出屋敷〜今津間を結ぶ新線を申請し、阪急と阪神の争いは泥仕合《どろじあい》の様相を呈した。これに対し、国は阪神出屋敷〜今津間の海側新線、阪急塚口〜尼崎、塚口〜宝塚間の敷設を認めた。

早速、阪神側は尼崎〜宝塚間の鉄道敷設工事に着手したが、ここで思わぬ横やりが入った。尼崎市が「尼宝電鉄の阪神尼崎駅への乗り入れは高架線で行なうように」と阪神側に要請したのだ。当時の阪神尼崎駅は地上駅であり、尼宝電鉄の尼崎新駅が高架駅になれば、直通運転は不可能になる。阪神側は尼崎市と交渉したが、要請は変わらなかった。

一方、阪急は様子見ということで、新線の工事には取りかからなかった。結局、尼崎～宝塚間は鉄道線ではなく、バス路線として開業することになった。鉄道建設が完了した中間部を有料の自動車専用道路とし、1932（昭和7）年に宝塚～大阪・神戸間のバス路線が開業した。

なお、尼宝電鉄はバス路線開業前に阪神国道自動車（現・阪神バス）に吸収合併されている。戦時中に県道化され、現在の正式名称は「兵庫県道42号尼崎宝塚線」である。もっとも、正式名称で呼ぶ利用者は皆無《かいむ》で、「尼宝線」が一般的だ。

現在も阪神バスは阪神尼崎駅、阪神杭瀬《くいせ》駅北、阪神甲子園駅～宝塚間のバス路線を運行している。3路線を合わせると昼間時間帯の1時間あたりの運行本数は6本を超え、阪神バスのドル箱路線だ。阪急と阪神が阪急阪神ホールディングスの中核会社になって久しいが、両社のライバル関係を見つける沿線の旅も面白いかもしれない。

路面電車の代替バスの本数が激減した事情は?

当然のことながら、路面電車はバスよりもコストを要し、多数の利用者が見込まれるところに敷設されるものだ。高度経済成長期のモータリゼーションにより、大都市圏の路面電車は次々と姿を消した。そのほとんどは地下鉄や路線バスに転換し、それなりの本数が確保されている。

しかし、例外もある。それが**阪神バス**の野田阪神前〜天神橋筋六丁目（天六）間、野田阪神前〜阪神杭瀬駅北間である。いずれも１９７５（昭和50）年まで阪神が運営した路面電車の代替路線である。２０２３（令和５）年６月現在、平日の運行はなく土休日に１往復があるのみだ。

野田阪神前〜天六間は阪急中津《なかつ》駅を経由する。じつは野田阪神前〜中津間は大阪シティバス58系統と重複する。大阪シティバスは中津から大阪駅前に向かい、日中時間帯の運行本数は１時間あたり２本だ。大阪駅・梅田に寄るか否《いな》かで、ここまで運行本数に差が生じるのだ。

しかし、１９７５年の路面電車廃止時でも、この区間は日中時間帯に15分間隔で運行されていた。廃止されたからとはいえ、なぜ、ここまで減少したのだろうか。背景のひとつに沿線環境の激変が挙げられる。

野田〜天六間に阪神の手によって路面電車が敷設されたのは１９１４（大正３）年のこ

と。当時は淀川、中津川の水運を活かして、沿線に工場が立ち並んでいた。また、箕面有馬電気軌道（現・阪急）中津駅の開業により、市街化も進んでいたのである。

終着駅の天六には、阪急京都本線の前身にあたる新京阪鉄道天神橋駅があった。天神橋駅はターミナル駅として機能し、駅ビルも建設された。また、遠方の人々が集まる映画館や遊興施設もあり、大変な賑わいだったという。そのため、野田阪神前～天六間は一定の需要が見込まれたのだ。

しかし、1975年の路面電車廃止後は沿線の工場が郊外に移転し、工員の利用が大幅に減少した。一方、天六は1969（昭和44）年に**阪急千里線**と大阪市営地下鉄（現・大阪メトロ）堺筋《さかいすじ》線との相互直通運転の開始にともない天神橋駅が廃止され、阪急・大阪市営地下鉄天神橋筋六丁目駅は単なる中間駅の様相となった。確かに阪急、大阪メトロ堺筋線・谷町《たにまち》線は乗り入れるが、ターミナル駅とはいえないのが現状だ。そのため、野田阪神前～天六間の需要は減退したのである。

野田阪神前～阪神杭瀬駅北間は1975年に廃止された野田～東神戸間を結んだ阪神国道線の代替路線である。末期の阪神国道線は、阪神本線と並走しながら、昼間でも何とか1時間に1本くらいの本数は維持していた。

バス路線になった後、ここまで運行本数が減少したのは、1997（平成9）年に開業したJR東西線（尼崎～京橋）の影響だ。バス路線の大半はJR東西線と重複し、歌島橋《うたじまばし》バス停はJR御幣島《みてじま》駅付近にある。また、歌島橋～阪神杭瀬駅北間のバス停は阪神本線千《ち》船《ぶね》駅、杭瀬駅から近く、わざわざバスを使うこともないだろう。

両路線に共通することは、時代の変化により、公共交通機関としての役割をほぼ終えたということだ。今後も路線免許を維持するだけの「免許維持路線」として、細々《ほそぼそ》と運行するのだろう。

高速バスとの連絡駅を開業した阪急の狙いとは？

鉄道と高速バスはいっけん相性が悪いようにも思えるが、近年は高速バスとの接続を意識した駅が散見される。関西大手私鉄では2013（平成25）年12月に開業した**阪急京都本線**の**西山天王山《にしやまてんのうざん》駅**が挙げられる。西山天王山駅は大山崎～長岡天神間に開設され、京都府長岡京市に位置する。

同駅の真上には2013年4月に開業した京都縦貫道・長岡京インターチェンジ（以下、

ＩＣ）があり、道路上には高速バス乗り場「高速長岡京」がある。駅舎とバス乗り場とはエレベーターで直結しており、バス乗り場には冷暖房完備の待合室が用意されている。

駅前には路線バスのバス停も設けられ、自家用車との乗り換えを意識したパークアンドライド用の駐車場も用意されている。正しくは高速バス、自家用車との共存共栄を意識した設備といえるだろう。

バス乗り場「高速長岡京」はバスターミナルではないが、全国各地へアクセスできる。２０２３（令和5）年5月現在の主な行き先は首都圏、天橋立《あまのはしだて》（京都府宮津市）、名古屋、伊那、諏訪、富山だ。ターミナル駅からスーツケースを引きずりながらバスターミナルま

阪急京都本線の西山天王山駅。真上の道路にバス乗り場がある

で歩くことを考えると、西山天王山駅のほうが楽に感じることもあるだろう。ただし、西山天王山駅には特急、通勤特急、準特急は停車しない。

さて、西山天王山駅とバス乗り場「高速長岡京」との関係は偶然の産物ではない。西山天王山駅の開業プランは京都縦貫道に長岡京ＩＣの設置が決定した際に生まれたものだ。特急が停車する隣駅の長岡天神駅の混雑緩和も狙った。

このような経緯があり、開業したわけだが、今日までの道のりはけっして平坦なものではなかった。「高速長岡京」に停車するバスは、１日18便からスタートした。開業３年目の２０１５（平成27）年４月には86便にまで達したが、その２年後には69便と減少したのである。

この理由として挙げられているのが、時間と通行料のロスだ。大阪～京都間を走る高速バスは名神高速道路を走る。「高速長岡京」は京都縦貫道にあるため、わざわざ１区間のみ立ち寄る必要があるのだ。

しかも、長岡京ＩＣを降りるため、通行料もかさむ。バス事業者にとっては時間と通行料のロスになるので、「高速長岡京」の利用は二の足を踏む。

知名度も課題だ。あくまでも筆者の肌感覚ではあるが、阪急沿線で西山天王山駅と「高速長岡京」との関係を認知している人は少ないように思える。一方、JR神戸線・舞子《まいこ》駅の真上にあるバス乗り場「高速舞子」は、少なくともJR神戸線沿線では認知されているように感じる。参考までに、2023年5月時点でのGoogleの口コミ数は高速長岡京が8件なのに対し、高速舞子は50件を超える。

この認知度の差はさまざまな要因が考えられるが、ひとつには優等列車の停車の有無が考えられる。先述したように西山天王山駅には特急系の種別が停車しないのに対し、舞子駅には、1998（平成10）年の明石海峡大橋開業にともない、快速が停車するようになった。

最後に挙げるのが、駅周辺の環境だ。新駅にありがちな課題だが、どうしても駅周辺に飲食店が少ない。また、「高速長岡京」には売店が存在しない。小腹を満たすのはバスターミナルと比較すると難しいため、とくに夜行高速バスの利用者は敬遠するかもしれない。

2023年5月現在、「高速長岡京」に停車する高速バスは50便を切っている。コロナ禍からの脱却が進む今、西山天王山駅とバス停「高速長岡京」は正念場を迎えているといっても過言ではないだろう。

フェリーへの連絡に特化した南海和歌山港線

関西大手私鉄には極端に役割が限定されている路線がある。それが**南海**の和歌山市駅と和歌山港駅を結ぶ全長2・8キロメートルの**和歌山港線**である。

難波〜和歌山市間の南海本線は南海の二大幹線ということもあり、日中時間帯は30分おきに和歌山市駅から難波行き特急「サザン」が発車する。また、和歌山市駅直結の複合施設「キーノ和歌山」は2020（令和2）年6月にオープン。再び和歌山市の表玄関として、存在感を示している。

ところが、和歌山港線は南海本線や和歌山市駅と比較すると影が薄い。それもそのはず、和歌山市駅から和歌山港駅へ向かう列車は1日13本（平日）しかない。時間帯によっては約3時間も列車が来ないのだ。

和歌山港線は南海本線と和歌山港〜徳島港を結ぶ**南海フェリー**のつなぎ役に特化している。早朝・深夜便を除くフェリー便は和歌山港駅にて南海電車と連絡する。

ところで、和歌山港駅も同じ和歌山市にあることから、フェリー利用客以外の需要がもっとあってもおかしくないように思う。じつは２００５（平成17）年まで中間駅（久保町《くぼちょう》駅、築地橋《つきじばし》駅、築港町《ちっこうちょう》駅）が存在し、線内を走る普通のみが停車した。しかし、乗降客の減少が続き、３駅とも１日の乗降客数が１００人を切る有様《ありさま》であった。これでは廃駅になっても仕方がないだろう。

改めて、和歌山港線のルートを確認しよう。和歌山市駅を発車すると、紀ノ川にぴったり沿うようにして南へ路線が延びている。市中心地からは大きく外れており、まるで街の裏道を走るような感じだ。さらに南へ下ると、築地川と紀ノ川に囲まれた中州に入る。周辺には倉庫等などが立ち並び、港湾地区の色が濃くなる。

終着の和歌山港駅に着くと、ほとんどの乗客が南海フェリー乗り場へと進む。駅周辺を見渡すと石油タンクが目立ち、純粋な住宅地区にある駅とはずいぶん趣《おもむき》が違う。

ここまで見ると、南海が和歌山港線の沿線住民を切り捨てたように見えるが、ご安心を。南海グループの和歌山バスには南海和歌山市駅・ＪＲ和歌山駅から市中心部を通り、和歌山港線が走る中州を経由し、和歌山港へ至る路線がある。

和歌山港線の性格は、同線の歴史を振り返っても理解できる。和歌山港線が開業したのは１９５６（昭和31）年のこと。目的は和歌山港へのアクセスであり、旧築港町駅に和歌山港駅が設置された。1971（昭和46）年にフェリー乗り場の移設、並びに木材輸送のために旧築港町駅から和歌山港駅を経て水軒《すいけん》駅まで延伸した。

しかし、延伸時には道路網が充実しており、水軒駅に貨物列車が乗り入れることはなかった。和歌山港〜水軒駅間は1日上下各2本という状態が続き、2002（平成14）年に廃止された。そして2012（平成24）年にフェリー接続を強く意識したダイヤとなり、今日に至る。

このように、和歌山港線は関西大手私鉄きっての役割特化型路線である。言い換えれば「ゼネラリスト」ではなく「スペシャリスト」な路線なのだ。わずか数分だが、ユニークな

南海和歌山港線の和歌山港駅。後ろに見えるのがフェリーターミナル

沿線風景とも併せてスペシャリストな路線の旅を楽しんでもらいたい。

「フェリー接続駅」として賑わった駅のいまは?

個人的に昔の時刻表を読むのが好きだ。とくに昔の交通地図を眺めるとタイムスリップしたような気分になるのは筆者だけではないだろう。

試しに、『JR編集時刻表』1987（昭和62）年5月号にある大阪近郊の地図を開いてみる。すると、明石海峡大橋開通前ということもあり、瀬戸内海には多くのフェリー便が運航されていたことがわかる。

ここでは、かつてフェリー便を運航し、かつ鉄道駅からもアクセスできた**深日《ふけ》港**と**東神戸フェリーターミナル**（**青木港**）に注目したい。

深日港は大阪府岬町《みさきちょう》にあり、最寄り駅は**南海多奈川《たながわ》線**の**深日港駅**である。1987年当時は深日港から徳島港、淡路島の洲本《すもと》港へのフェリー便が就航していた。深日港からのフェリー便は大阪と淡路島・徳島を結ぶ交通手段として、一定の需要があった。

南海も難波駅から多奈川線直通急行「淡路号」を運行していた。しかし、1987年当時ですら、フェリー便の主役は大阪港や神戸港であり、深日港の利用者は減少の一途《いっと》をたどっていた。

1993（平成5）年のダイヤ改正により、急行「淡路号」は廃止され、多奈川線は線内を走る普通列車のみが運行されるローカル線になった。さらに、明石海峡大橋の開業後はマイカー利用が増え、深日港からの定期航路は全廃された。

しかし、話はこれで終わらない。岬町と兵庫県洲本市は両市町間の交流促進と地域活性化を図るべく、旅客船の定期航路の復活を目指している。2017（平成29）年から深日港と洲本港間を結ぶ旅客船の社会実験が始まった。それ以降、定期航路の復活には至っていないが、社会実験は継続されている。

一方、多奈川線は社会実験実施後も直通急行の復活はなく、2両編成のワンマン列車が線内を往復する。深日港駅にある6両分のホームのうち、半分近くは使われなくなったまま放置されている。駅構内の大きさがかつての栄華を今に伝えている。

東神戸フェリーターミナルは**阪神青木駅**から南約500メートルの場所にあった。1987年当時は四国・九州行きのフェリーが運航され、関西発フェリー便の一大拠点であったことがうかがえる。しかし、1988（昭和63）年に運用が開始された六甲アイランドフェリーターミナルにフェリー便が就航するようになり、明石海峡大橋開業の影響も受けるかたちで1999（平成11）年に閉鎖された。

その後、商業施設「サンシャインワーフ神戸」が建った。そして、フェリー桟橋《さんばし》の一部が残っている。すでに、そこから定期旅客船は出航しないが、災害時の船着き場としての役割を担っている。

一方、阪神は南海のような青木行きのフェリー接続列車は運行しなかった。その代わり、昭和時代には神戸港〜淡路島間の定期旅客船に接続する特急・急行に「うずしお」のヘッドマークが掲示《けいじ》されていた。神戸港へは元町駅から徒歩移動である。さらに旅客船や島めぐりがセットになったクーポンまで販売されていたのである。

このように、明石海峡大橋開業前は一部とはいえ、関西大手私鉄とフェリー・旅客船との関係は今以上に密接であったのだ。

南海汐見橋線と渡し船の意外な関係とは？

南海汐見橋《しおみばし》線（汐見橋〜岸里玉出《きしのさとたまで》）は関西では「都会屈指のローカル線」という文脈で

語られることが多い。確かに、朝ラッシュ時間帯であっても列車本数は1時間あたり2本だ。つまり、2両編成の電車が線内を行ったり来たりしているのだ。

列車本数から察する通り、各駅の利用者も少なく、木津川《きづがわ》駅に至っては前年より約25パーセント増とはいえ、1日の乗降客数は約160人しかいない。そんな南海汐見橋線は川と密接な関係を持つ路線でもある。

もし手元にスマートフォンがあればグーグルマップで汐見橋線のルートを確認してもらいたい。路線は南北に走るが、芦原町《あしはらちょう》〜木津川〜津守《つもり》間は木津川に近い。

実際、汐見橋線が高野線のメインルートとして機能を果たしていた頃は紀伊山地の木材を木津川駅まで輸送し、木津川の水運を利用して各所へ供給していた。現在、木材輸送は遠い過去の話となり、木津川駅構内で貨物列車が停車した線路は草で覆《おお》われている。汐見橋線沿線で貯木場を見かけることもない。

しかし、汐見橋線と木津川との関係をほんのわずかながら感じられる輸送手段がある。それが**渡し船**だ。現在、大阪市内に残る渡し船は8つ。汐見橋線は5キロメートル弱の短距離路線にもかかわらず、沿線には無料の渡し船がある。

落合上渡船場は千島側と北津守側を結び、北津守側は津守駅から徒歩約10分のところにある。千島側へはＪＲ・大阪メトロ大正駅から路線バスに乗る。岸壁間は１００メートルとなり、１日４００名ほどが利用する。渡し船からは木津川水門を眺めることができ、毎月１回程度は試運転のために閉じた状態の水門が見られる。

落合下渡船場は平尾側と津守側を結ぶ。津守側は津守駅から徒歩約10分のところにあるが、先述した落合上渡船場の北津守側とは場所がまったく異なる。

一方、平尾側は千島側とは場所は異なるが、同じく大正駅からバスに乗る。落合下渡船場は両壁間が約１４０メートルとなり、１日の利用者は約３８０名だ。落合下渡船場の目玉は、毎年10月下旬から4月下旬にかけて見ら

いまも周辺住民の貴重な足となっている落合上渡船場

れる数百匹のゆりかもめだ。

「汐見橋線の旅」というと、何やら鉄道ファンの専売特許のような感じがしないでもないが、渡し船を加えることにより万人《ばんにん》受《う》けするコースになるような気がする。

6

近鉄・南海・京阪・阪急・阪神沿線の

エンタメを比較する

沿線に公園や遊園地が充実している路線は?

関西でも関東でも、私鉄の駅に「公園」や「園」が付く駅名がある。沿線に住んでいるのに、一度も行ったことがないという人も多いだろうし、住まい探しの際に「一体どんな公園があるのだろうか」と思う人も多いのではないだろうか。ここでは、「公園」「園」が付く駅周辺にある施設を紹介したい。

阪急は**神戸本線**に**王子公園駅**がある。ホームにあるパンダの装飾からも察しがつくが、王子公園の園内には神戸市立王子動物園がある。王子動物園は1951(昭和26)年の開園以来、1995(平成7)年の阪神・淡路大震災を乗り越えて、多くの神戸市民に親しまれてきた。同園の目玉といえば日中共同繁殖研究を目的に2000(平成12)年から受け入れているジャイアントパンダだ。

2003(平成15)年から2009(平成21)年にかけて人工授精による繁殖に取り組んできたが、残念ながら大人まで成長したパンダはいなかった。現在はメスの「旦旦《タンタン》」のみで、オスの受け入れ準備を進めている。「王子公園」という駅名は意外と新しく、19

８４（昭和59）年までは「西灘駅《にしなだ》」であった。

阪神は甲子園駅があまりにも有名だが、ここでは**香櫨園《こうろえん》駅**（兵庫県西宮市）を取り上げたい。駅を出ても大公園のような施設は見当たらず、閑静な住宅地が広がっている。少なくとも、遊園地とはまったく縁もゆかりもないような土地に思える。

ところが、香櫨園駅は遊園地の開業に合わせて１９０７（明治40）年に開設された駅なのだ。その遊園地こそ「香櫨園」であり、名称は遊園地の開設者である香野《こうの》蔵治《くらじ》、櫨山《はぜやま》慶《けい》次郎《じろう》両氏の名前に由来する。ちなみに、２００１（平成13）年まで駅名は「香枦園駅」だった。

当時、香櫨園は関西で唯一の遊園地として知られ、８万坪の土地には動物園や運動場も開設された。とくに動物園は全国的にも珍しく人気を集めたという。しかし、経営不振により、１９１３（大正2）年に閉園となってしまった。

京阪本線にある**枚方《ひらかた》公園駅**は遊園地「ひらかたパーク」の最寄り駅として知られる。私鉄系遊園地が次々と閉園に追いこまれるなか、「ひらかたパーク」はコロナ禍を乗り越え、日本最古級の遊園地として営業している。

「ひらかたパーク」の前身は１９１０（明治43）年に開業した香里《こうり》遊園地である。名称から察する通り、当初は香里園駅周辺に開設されたのだ。開園から2年後の1912（大正元）年に現在の枚方市に移設された。

かつては大菊人形展で知られたひらかたパークだが、現在はひらかたパークのイメージキャラクター「超ひらパー兄さん」が有名だ。毎年、趣向を凝《こ》らした広告で関心を集めているが、この背景には「従来のイメージにとらわれない遊園地」という考えがある。他にも既存の遊戯機を使ったユニークな企画には定評があり、これからもテーマパークとは違った「あっ」と驚く新企画に期待したい。

南海は**南海本線**と**多奈川《たながわ》線**が乗り入れる**みさき公園駅**を取り上げる。淡輪《たんのわ》丘陵地帯にあったみさき公園は60年以上にわたり南海が運営する遊園地として親しまれてきたが、2020（令和2）年3月をもって閉園した。1990（平成2）年に完成した斬新なデザインの新駅舎も心なしか、寂しく映る。

みさき公園は南海電鉄創業70周年を記念して1957（昭和32）年にオープンした。意外なことに、みさき公園のオープンにかかわったのが大阪ゴルフ倶楽部（現・大阪ゴルフクラブ）という一ゴルフクラブだった。

もともと、淡輪丘陵地帯にはゴルフ場「淡輪コース」が存在した。しかし、戦時下に日本軍に接収され、ゴルフ場は閉鎖に追いこまれることに。戦後になり、大阪ゴルフクラブは「淡輪コース」の復活を目指すが、今度は「農地をゴルフ場にしてはならない」という農地法の壁にぶちあたり、農林省（現・農林水産省）からゴルフ場の復活が認められなかった。

一方、南海と大阪府岬町も淡輪丘陵に都市計画公園の構想を抱いていた。そこで、大阪ゴルフクラブが南海や岬町と協議を重ねた結果、ゴルフ場が存在した場所に都市計画公園を設置することになった。そこで、コースを岬町に寄付したうえで、都市計画公園の緑地帯としてゴルフ場を存続することにより、農地法をクリアしたのだ。１９６０（昭和35）年頃に淡輪のゴルフ場は正式に復活した。

みさき公園は運営会社を変更したうえで２０２４（令和６）年以降にリニューアルオープンする予定だ。園内には、ホテルや動植物園の他にグランピング施設を設けるという。

最後に**近鉄**だが、**橿原《かしはら》線**にある**ファミリー公園前駅**が挙げられる。１９７９（昭和54）年に開業したが、当初は夏の昼間時のみに営業する臨時駅であった。

１９８５（昭和60）年に常設駅となったものの、終日営業とはならなかった。１９９３（平成５）年になり、ようやく終日営業の駅となったが、現在も簡素な駅舎であり、臨時駅の面影《おもかげ》を色濃く残す。

駅周辺には奈良県営の「まほろば健康パーク」があり、そのなかにウォータースライダーやバケツプールなどがあるファミリープールがある。アクセスとしては近鉄以外に京奈和自動車道「郡山南ＩＣ」の利用が挙げられる。駐車場完備であり、ファミリー公園前駅に急行が停車しないことを考えると、自家用車でのアクセスが便利なように感じる。

現在、関西大手私鉄では観光施設に準じた駅名変更が流行《はや》っている。これから「〇〇公園」という新駅名が登場してもけっしておかしくはない。

個性的な博物館が連なっている路線は？

博物館は知的好奇心を満たす施設だ。博物館の多くは駐車場が狭いため、公共交通機関を利用することになる。

それでは、特色ある博物館が多い路線はどこだろうか。駅から15分くらいで行ける博物館に注目したい。

阪急では、**宝塚本線**が短距離のわりにユニークな博物館が多い。たとえば、**池田駅**周辺には日清食品の関連団体が運営する「カップヌードルミュージアム大阪池田」がある。ここではオリジナルのチキンラーメンをつくることができる。

また、池田駅周辺には阪急文化財団が運営する「小林一三《こばやしいちぞう》記念館」があり、阪急の創業者である小林一三の足跡《そくせき》をたどることができる。小林一三記念館の近くには「池田文庫」があり、鉄道だけでなく宝塚歌劇の書籍、資料も豊富に取りそろえている。

さらに、池田市には「落語みゅーじあむ」もあり、定期的に落語会も開催される。「ラーメン・会社創業者・落語」の博物館が1か所にある場所は、日本広しといえども池田市くらいだろう。

阪神本線は日本一の酒どころである「灘五郷《なだごごう》」を通るだけに、日本酒にまつわる博物館がとにかく多い。たとえば神戸市東灘区の**住吉駅・魚崎《うおざき》駅**周辺だけでも、「白鶴酒造資料館」「菊正宗酒造記念館」「浜福鶴吟醸工房」がある。日本酒の試飲を楽しみながらの阪神沿線旅はたまらないものだ。

酒どころの話になると、「ちょっと待った」という声が聞こえてきそうなのが**京阪本線**だ。京阪本線の酒どころといえば**伏見**。灘の酒は「男酒」と呼ばれるのに対し、伏見の酒は「女酒」と呼ばれ、優しい味わいが特徴だ。伏見桃山駅周辺には「月桂冠大倉記念館」「黄桜記念館」がある。

家電製品にまつわる博物館があるのも京阪本線の特徴だ。象印マホービンが運営する「まほうびん記念館」は天満橋駅、パナソニックが運営する「パナソニックミュージアム」は西三荘《にしさんそう》駅を最寄り駅とする。

近鉄はやはり、**近鉄奈良駅**に注目したい。なぜなら、国内に4つある国立博物館のひとつである「奈良国立博物館」があるからだ。奈良国立博物館は「ならはく」の愛称で知られ、仏教美術を中心とした展示物が並ぶ。秋には「正倉院展」が開催される。車内や駅で「正倉院展」のポスターを見かけたら「秋が来たな」と思うのは関西あるあるのネタではないだろうか。

最後に**南海**だが、「空」にまつわる博物館は他私鉄の追随《ついずい》を許さない。それが**関西空港**にある「スカイミュージアム」だ。「スカイミュージアム」へは関西空港第1ターミナルから無料バス（所要時間は約6分）が運行されている。

ミュージアム内では、関西空港の成り立ちや飛行機の仕組みを学ぶことができる。また団体限定ではあるが、60分間のオフィシャルガイドツアーがおすすめだ。通常は入れない保安区域に入ることができ、機内食工場などを車窓から見学できる。

このように特色ある博物館が沿線にある関西私鉄。もちろん、ここで紹介できなかったユニークな博物館もたくさんあるので、ぜひチェックしてみていただきたい。

親子で楽しめる鉄道博物館を有する会社は?

関東大手私鉄には鉄道博物館を保有している会社が多い。小田急「ロマンスカーミュージアム」、東武「東武博物館」、東急「電車とバスの博物館」、京急「京急ミュージアム」が該当する。では、関西大手私鉄に鉄道博物館は存在するのだろうか。

答えを先にいうと、残念ながら**京阪**「SANZEN-HIROBA」くらいしかない。「SANZEN-HIROBA」はショッピングセンターの「くずはモール南館」にある。最寄り駅は**樟葉**《くずは》だ。ショッピングセンター内にあるため小規模ではあるが、展示内容はなかなかのものだ。目玉は昭和から平成にかけて特急で活躍した3000系3505号車、日本初の本格5扉車5000系5551号車だ。3000系3505号車は1両まるまる、5000系5551号車は1両を半分にしたカットモデルで保存されている。

旧3000系の車内に入ると、京阪ご自慢の転換クロスシートが並ぶ。着席することもでき、最近の車両では味わえないソファのような座り心地が楽しめる。さらに「テレビカー」として名を馳《は》せた旧3000系らしく、車端部にはテレビが備え付けられている。旧3000系の展示名は「3505号車デジタル動態保存」となっている。「動態」とあるが、車両自体が館内を走り回るわけではない。じつは運転シミュレーターになっており、運転台で運転体験ができるのだ。運転台の前面には走行シーンが映し出され、実車と相まって臨場感は抜群だ。

5000系5551号車は2023（令和5）年4月にお披露目されたばかりの新参者だ。5000系自体は2021（令和3）年に引退となったが、5扉車という物珍しさから、特急列車に引けをとらない人気者だった。

同車の最大の特徴である座席の昇降もでき、アイデア満載の京阪電車の魅力を今に伝える。運転シミュレーターは有料だが、入場自体は無料。各種イベントも積極的に開催されている。

現存する鉄道博物館は京阪のみだが、かつては**阪急**と**近鉄**も鉄道博物館を有していた。**阪急**は宝塚ファミリーランド内に「宝塚電車館」があった。1957（昭和32）年、阪急の創立50周年を機に開催された「交通文化博」と同時に開設された博物館だ。

館内には920系や2800系などのカットボディが展示され、栄光の阪急の歴史をたどる内容だったが、残念ながら2003（平成15）年の宝塚ファミリーランドの閉園にともない、宝塚電車館（のちに「のりもの館」に改名）も閉館となった。

近鉄は上本町《うえほんまち》にある近鉄劇場別館の地下に近鉄資料室があった。「資料室」ということから、博物館というよりは図書館に近い雰囲気。近鉄発行の刊行物などの資料はもちろん、近鉄提供のテレビ番組『真珠の小箱』の視聴もできた。2007（平成19）年7月末に「休館」となり、現在に至るまで復活してはいない。

関西大手私鉄のみならず、全国の私鉄各社は沿線住民が自社の「ファン」になってくれるようあらゆる努力をしている。とくに子どもへのアピールはどこも必死だ。であるならば、関東大手私鉄にならい関西大手私鉄も本格的な鉄道博物館をつくり、沿線住民に自社の魅力をアピールすればいいと思うのだが……。

沿線にスポーツ施設が充実している路線は？

関西大手私鉄のなかで、スポーツ施設で有名な会社といえば、誰しもが**阪神**を挙げるだろう。なぜなら、阪神が保有する阪神甲子園球場があるからだ。言わずと知れた阪神タイガースの本拠地であり、高校球児の聖地でもある。

観客席への階段を上がりきると、視界が開け、青々とした天然芝が見える。誰しもが感動することだろう。甲子園球場は両翼95メートル、中堅・左右中間がそれぞれ118メートルを有する規模の大きさだけでなく、美しさを兼《か》ね備えた球場でもあるのだ。

長い歴史も見逃せない。誕生は1924（大正13）年のことで、2024（令和6）年は開場100周年となる。阪神では特設サイトを設け、記念のラッピング列車を2022（令和4）年8月から運行している。

阪神沿線にはもうひとつ、プロ野球チームの本拠地球場がある。オリックスバファローズが本拠地とする京セラドーム大阪（京セラドーム）だ。最寄り駅は**阪神なんば線ドーム前駅**である。沿線にプロ野球本拠地球場を複数抱えている大手鉄道会社は阪神しかない。

甲子園球場周辺と京セラドーム周辺の雰囲気はまったく異なる。甲子園球場近くの飲食店に寄ると、阪神ファンに特化した店でなくても、阪神タイガースの選手の写真が貼り出され、選手のサインがずらりと並ぶ。要するに阪神一色であり、お客さんも阪神ファンが多いという。

一方、京セラドーム周辺の店にはオリックスファンだけでなく、阪神ファンも立ち寄るという。阪神は京セラドームを準本拠地球場とし、夏を中心に阪神主催の試合も多いからだ。また、オリックスは「オリ姫」と呼ばれる女性ファンの姿も目立つ。同じ関西の球団ながら、雰囲気はまったく異なるのだ。

ところで、『阪神タイガースの歌』の通称はご存じの通り『六甲おろし』である。六甲おろしは、六甲山系から吹く強風のことを指す。しかし、実際のところ甲子園球場で知名度が高い風はライト側からレフト側へ吹く「浜風」だ。

このあたりの差異は『六甲おろし』の作詞者である佐《さ》藤《とう》惣《そう》之《の》助《すけ》の出身地が神奈川県川崎

京セラドーム大阪の最寄り駅は阪神なんば線「ドーム前」

市ということもあり、致し方ないといったところか。

球場以外の阪神のスポーツ施設では尼崎ボートレース場があり、最寄り駅は尼崎センタープール前駅だ。

阪急沿線には意外にも競馬場が多く、**今津北線**にある中央競馬の阪神競馬場、**神戸本線**にある地方競馬の園田《そのだ》競馬場がある。このうち阪神競馬場では子どもが楽しめるように公園が整備され、ファミリーゾーンの充実などを目的としたスタンドリフレッシュ工事を実施している。

また、最寄りの**仁川**《にがわ》**駅**周辺は閑静な住宅地が広がるところでもある。映画『マイ・フェア・レディ』に登場するイギリスのアスコット競馬場ほどではないが、どことなく喧騒《けんそう》のなかにも落ち着いた雰囲気が感じられるのは土地柄のおかげなのだろう。

近鉄のスポーツ施設といえば東大阪市花園《はなぞの》ラグビー場だ。花園ラグビー場は「日本ラグビーの聖地」と称され、東京都の秩父宮《ちちぶのみや》ラグビー場と並ぶ人気を誇る。誕生は１９２９（昭和4）年であり、長年にわたり近鉄が保有していた。

２０１５（平成27）年に保有者が東大阪市になり、現在の名称に落ち着いた。花園ラグビー場はプロラグビーチーム、花園近鉄ライナーズの本拠地でもある。チーム名の「ライナーズ」は名阪特急「アーバンライナー」に由来する。

近鉄には、かつてプロ野球チームの近鉄バファローズが2004（平成16）年まで存在した。最後の本拠地は現在の京セラドームであったが2009（平成21）年の阪神なんば線開業までは近鉄電車ではアクセスできない球場であり、近鉄バファローズが苦境に陥《おちい》った一因にもなった。その点、花園ラグビー場の最寄り駅は近鉄奈良線の**東花園駅**であり、近鉄バファローズの二の舞いにはならないだろうし、そう祈りたい。

過去も含めて関西大手私鉄のなかでプロ野球球団を保有しなかったのが**京阪**である。事実、京阪沿線には大規模な球場はない。しかし、戦前には**寝屋川市駅**《ねやがわ》近くに「京阪グラウンド」と呼ばれる一大スポーツ施設があり、そのなかに野球場も存在していた。

誕生は甲子園球場より2年早い1922（大正11）年で、主に大学や実業団の試合に使われた。選抜高等学校野球大会（春のセンバツ）の誘致話もあったが、球場の設備や輸送問題などが立ちふさがり、最終的に実現しなかった。

京阪も他の在阪球団と同じく球団保有の話が持ち上がったこともあったが、経営難により実現しなかった。1942（昭和17）年に京阪グラウンドは閉鎖され、住宅営団に売却された。跡地は2022年に日本野球機構・全日本野球協会により「日本野球の聖地・名所150選」に選ばれ、球場跡を示すモニュメントがある。

南海本線には岸和田競輪場があり、最寄り駅は**春木駅**だ。大規模なスポーツ施設の最寄り駅には優等列車ないし、優等列車の開催日臨時停車が行なわれる。春木駅も例に漏れず、空港急行が停車するが、朝・夕ラッシュ時に運行する急行は通過する。空港急行が停車し、急行が通過するのは春木駅のみである。

ひとつには、春木駅が難波〜泉佐野間の空港急行停車駅で1日の乗降客数がもっとも少ないことが挙げられる。春木駅は、泉大津駅や貝塚駅のように市を代表する駅ではなく、それは1日の乗降客数が約1万3000人という数字からもわかる。

その一方で、岸和田競輪場の隣にはショッピングセンターがあり、買い物客で賑わう。岸和田競輪場とショッピングセンターの合わせ技で何とか空港急行停車駅を勝ち取ったという感じなのだろう。

最後に、なぜか関西大手私鉄沿線にはJ1所属のプロサッカーチームの本拠地となるスタジアムが存在しない。**近鉄南大阪線**に**長居**《ながい》**公園駅**はあるが、園内にあるセレッソ大阪の本拠地「ヤンマースタジアム長居」の最寄り駅はJR・大阪メトロの長居駅である。サッカー的要素があまりない点も関西大手私鉄の特徴といえるだろう。

車窓から絶景を楽しめる路線は？

関西大手私鉄には、眺めのいい路線、要するにビューポイントが多くある路線が数多くある。各鉄道会社の個人的なおすすめスポットを紹介したい。

関西大手私鉄どころか、ＪＲ線も含めた関西の鉄道路線において屈指のビューポイントは**近鉄奈良線**の**枚岡《ひらおか》～石切《いしきり》**間である。枚岡駅は大阪府東大阪市にあり、生駒山の麓《ふもと》にある。西隣の瓢簞山《ひょうたんやま》駅からの勾配が続き、枚岡駅を出ると近鉄奈良行きの進行方向左側に大阪平野が広がる。

大阪市内のビル群はもちろんのこと、天気がよければ六甲山系も見られる。夜になるとビルの明かりが宝石のきらめきのように見え、帰宅するサラリーマンの疲れを癒《い》やす。大阪難波～近鉄奈良～京都を結ぶ観光特急「あをによし」のハイライトのひとつでもあるので、ぜひ注目してもらいたい。

「山」と来れば次は「海」だ。難波駅から**南海本線**の特急「サザン」に乗車したら、尾崎駅発車時に進行方向右側に注目してほしい。**鳥取《とっとり》ノ荘《しょう》～淡輪**間にて大阪湾を見ることができる。南海本線で海が見られる区間は意外と少なく、鳥取ノ荘駅、箱作《はこつくり》駅、淡輪駅共に特急通過駅なので、見過ごさないように注意してもらいたい。

京阪特急でビューポイントを楽しむコツは前面展望にある。**石清水八幡宮《いわしみずはちまんぐう》～淀《よど》**間で木津川、宇治川を一気に渡る。この区間は見晴らしがよく、進行方向の真正面から京都の山々が見られる。次々と鉄橋を渡るシーンは「いよいよ京都に入るのだな」という旅への期待を持たせるものだ。

同じく山を見渡せるのは阪神も同じだ。**阪神本線**の**西宮駅**から西の区間では断続的に車内から六甲山系を見ることができる。阪神は阪神間で一番南を通り、高架線が多いこともあいまって、もっとも六甲山系が見やすいのだ。

最後に**阪急**だが、路線距離が長いわりには世間的に有名なビューポイントには恵まれていないように感じる。個人的には**京都本線 桂《かつら》～西 京 極《にしきょうごく》**間がおすすめだ。同区間では桂川を渡る。京都河原町方面の進行方向左側に京都の山々が見え、桂川の水量たっぷりな青色とのコントラストが美しい。おすすめの季節・時間帯はよく晴れた夏の日中だ。

皆さんの、おすすめビュースポットはどこだろうか。ぜひインスタグラムなどのＳＮＳでシェアしてほしい。

車窓から美しい海を眺められる路線は？

関西大手私鉄で、車窓から海を見ることができる路線はあるのだろうか。まず思い浮かぶのは「海」の文字が入る**南海**である。大幹線である**南海本線**から見ていこう。南海本線で海が見られる区間は、前述した大阪府阪南市《はんなん》から岬町《みさきちょう》にかけての鳥取ノ荘駅〜箱作駅〜淡輪駅の区間である。

南海本線に限らず、南海線から見える海は瀬戸内海だが、総じて穏やかだ。夕方になると車内から美しいサンセットビューが楽しめる。それぞれの駅周辺には海水浴場が存在し、天気がよければ淡路島や関西空港、明石海峡大橋が見渡せる。

迫力満点の大阪湾を眺めるなら**空港線**（泉佐野〜関西空港）がおすすめだ。りんくうタウン駅を過ぎると、関西国際空港連絡橋に入る。橋桁《げた》により、車内からの眺めは遮《さえぎ》られるとはいえ、大阪湾の光景はその後の旅への期待を高めてくれる。

連絡橋は二重構造になり、上段は6車線の道路となる。泣きどころは海上ということもあり、風の影響をダイレクトに受けることだ。鉄道線は風速30メートル以上になると、運

関西国際空港連絡橋。道路の下を鉄道線が通る構造になっている

転見合わせとなる。

観光列車「めでたい電車」で注目を集める**加太《かだ》線**（紀ノ川～加太）では**二里ヶ浜《にりがはま》駅**付近で紀伊水道が見られる。**磯ノ浦駅**は磯の浦海水浴場の最寄り駅だ。磯の浦海水浴場は和歌山県を代表するサーフィンスポットで知られ、年間を通じて楽しめる。まだ全国でも希少な白砂の天然海岸で、「イソコ」という愛称で親しまれている。

501キロメートルの路線距離を有する**近鉄**は**鳥羽《とば》線**（宇治山田～鳥羽）、**志摩《しま》線**（鳥羽～賢島《かしこじま》）において散発的ではあるが、伊勢志摩の海が見られる。また、二階建て特急車両「ビスタEX」に乗ると、また違った海の風景が楽しめることだろう。

南海・近鉄以外の鉄道会社では車窓から海を見ることはできないが、乗り入れ先を含めると可能性が出てくる。

阪神が乗り入れる**山陽電気鉄道本線**では、**滝の茶屋駅**付近で瀬戸内海のパノラマビューが楽しめる。時間があれば滝の茶屋駅で降りてみたい。同駅の下りホームからは瀬戸内海が一望でき、淡路島や明石海峡大橋も見られる。

乗客はホームからのんびりと眺めるが、明石海峡大橋周辺を通過する船舶は緊張を強《し》いられる箇所でもある。大阪湾と播磨《はりま》灘をつなぐ明石海峡では1日800隻以上の船舶が通過し、潮流も速い。そんな過酷な環境を頭に入れながら巨大船舶を眺めると、ゆったりと進んでいるように見える船の見方も少し変わってくるのではないだろうか。また、視界を上げると、神戸空港を離発着する飛行機も見られる。

関西大手私鉄全体では、海が見られる区間はそれほど多くない。だからこそ、見ることができた際はぜひ、スマホなどで写真撮影にチャレンジしたいところだ。

気軽な温泉旅行に便利な近鉄の駅とは?

近鉄には「温泉」が付く駅が2駅ある。それが**大阪線**の**榊原《さかきばら》温泉口**駅と、**湯の山線**の**湯**

の山温泉駅だ。両駅とも三重県にあるが、榊原温泉口駅の駅名には「口」が付くのに対し、湯の山温泉駅には付かない。一体、どちらの駅が温泉に近いのだろうか。

まずは榊原温泉口駅からだ。榊原温泉は榊原温泉口駅から北へ約4キロメートルのところにあり、同駅から送迎バスで約10分だ。また、名古屋線の久居《ひさい》駅からもアクセスできる。

一方、湯の山温泉駅は湯の山線（近鉄四日市〜湯の山温泉）の終着駅にあたる。湯の山温泉へは西へ3キロほど、駅からの送迎バスで約10分だ。このようにわずかながらではあるが、湯の山温泉駅のほうが温泉街に近い。湯の山温泉駅から少し歩くとホテルが散見される。やはり駅名に「口」が付かないだけのことはある。

もう少し両駅を深掘りしてみよう。じつは両駅とも同時期といえるタイミングで駅名の改称を行なっているのだ。榊原温泉口駅は1965（昭和40）年に「佐田駅」から改称、5年後の1970（昭和45）年には「湯ノ山駅」が「湯の山温泉駅」になった。

さらに、特急停車駅になったタイミングも同じ1965年なのだ。榊原温泉口駅の場合は駅名改称と同時に特急停車駅となり、大阪〜伊勢志摩間の一部の特急が停車するようになった。現在も大阪〜伊勢志摩間の特急が同駅に停車する。

同じく1965年に湯ノ山駅（現・湯の山温泉駅）には大阪、名古屋からの直通特急列車が乗り入れた。近鉄では珍しい支線への定期特急列車の乗り入れだったが、乗客減を理由に２００４（平成16）年に定期特急列車が廃止となった。現在は普通が線内を往復するだけだ。

なぜ、同じタイミングで両駅に特急が停車するようになったのだろうか。背景には東海道新幹線の開業が挙げられる。１９６４（昭和39）年の東海道新幹線開業により、近鉄特急網の拡充が必要となった。そこで、近鉄は東海道新幹線との接続を意識しながら、新たな特急ルートを設定した。その過程で誕生したのが先ほど紹介した大阪・名古屋〜湯の山温泉ルートである。

１９６０年代は高度経済成長期の真っただ中であり、日本人もようやく余暇を楽しむ余裕が生まれた頃だ。そのため、近鉄では積極的に沿線のリゾート開発を進めた。伊勢志摩のリゾート開発はその最たる例だ。

また、近鉄は湯の山温泉でホテルの運営を行なっていた。沿線の潜在能力を引き出すという意味で、特急停車は理にかなったものだったといえる。

「阪急の伊丹」「南海の関空」…空港アクセス路線の特徴は?

関西大手私鉄の沿線にある空港は、大阪国際空港（伊丹空港）と関西国際空港である。大阪空港へは**阪急宝塚本線**の蛍池《ほたるがいけ》駅から大阪モノレールに乗り換え、大阪空港駅で降りる。大阪モノレールが大阪空港駅へ延伸を果たした1997（平成9）年以前は、蛍池駅から路線バスでアクセスするしかなかった。といっても、主力はリムジンバスであり、空港利用者にとって蛍池駅～大阪空港間の路線バスは影が薄かった。

モノレールに乗り換える必要があることから、「大阪空港は阪急沿線なのか」といぶかしむ意見があってもおかしくない。ただ、大阪空港から蛍池駅までの距離は1キロメートルもないため、あくまでも「阪急沿線にある」という解釈でご容赦願いたい。

さて、2023（令和5）年4月現在、大阪空港は正式名に「大阪国際空港」と「国際」が付くにもかかわらず、定期国際便は存在しない。1994（平成6）年に国際便が関西国際空港に移行したあとも「国際」を名乗り続けてきたが、過去には国から「国際」を外す方針を示されたこともあるという。

しかし、地元の強い要望もあり、「国際」が存続することになった。2019（令和元）年に大阪で開催されたG20大阪サミットでは、アメリカのトランプ大統領（当時）が大阪空港に降り立ったことが話題となった。現在も散発的ではあるが、大阪空港は国際的な仕事をする空港なのだ。

現在は北ターミナルに日本航空、南ターミナルに全日空が乗り入れる。LCC（格安航空会社）は乗り入れない。そのせいか、大阪空港はビジネス色が濃い空港である。関連施設では大阪空港ホテルがあるものの、蛍池駅周辺には大手チェーン・ビジネスホテルは存在しない。

南海が乗り入れる関西国際空港は名実共に海外からのゲストを迎える、関西の空の玄関口である。そのため、関西空港駅では多くのインバウンド客を見かける。そしてもうひとつの特徴は、成田空港と同じくLCCに強いことだ。2012（平成24）年、国内初となるLCC専用の第2ターミナルがオープンした。関西空港駅からはバス連絡となる。

空港島にある宿泊施設は、ホテル日航関西空港とファーストキャビン関西空港がある。このうち、ファーストキャビン関西空港は2017（平成29）年にオープンし、比較的安価に宿泊できる。このように、関西空港はLCC利用者を意識した、気軽に利用できる空港を目指しているようにも見える。

京阪のケーブルカーで参拝する石清水八幡宮の魅力とは？

関西大手私鉄でケーブルを運行するのは**近鉄**、**南海**、**京阪**である。近鉄は生駒ケーブル、西信貴《しぎ》ケーブル、南海は高野山にケーブルがある。

一方、京阪は男山《おとこやま》・石清水八幡宮にある。しかし、石清水八幡宮は関西においても知名度が高いとはいえない。石清水八幡宮はどういうところなのだろうか。将来的にインバウンド客にとって魅力ある施設になるのだろうか。

最初に京阪が保有するケーブル、**石清水八幡宮参道ケーブル**を簡単に紹介しておこう。石清水八幡宮参道ケーブルはケーブル八幡宮口駅とケーブル八幡宮山上駅を結ぶ0・4キロメートルの路線だ。ケーブル八幡宮口駅は京阪本線石清水八幡宮駅に接続する。ケーブル八幡宮山上駅から少し歩くと石清水八幡宮に着く。

石清水八幡宮が創建されたのは859年のこと。奈良にある大安寺の僧侶行教《ぎょうきょう》が豊前《ぶぜん》国（現・大分県）の宇佐《うさ》八幡宮にて神託を受けたのがはじまりだ。

860年に社殿が完成。応神天皇《おうじん》、比咩大神《ひめおおかみ》、神功皇后《じんぐう》の神々が奉安されている。石清水八幡宮は淀川の近くにあるということもあり、都の鎮護社として、朝廷から伊勢神宮に次ぐ扱いを受け、大いに発展した。

石清水八幡宮のハイライトといえば毎年9月15日に開催される石清水祭だ。石清水祭の起源は古く、863年に八幡大神が放生川《ほうじょうかわ》に魚、鳥を放ち、生き物の命を敬ったことに由来する。これにあやかり、当日は放生川に魚や鳥を放ち、川にかかる橋で舞が奉納される。朝廷により石清水祭は重要視され、天皇の使いが参向する「勅祭」に指定され、葵祭《あおい》、春日祭と共に三大勅祭のひとつに数えられている。

しかし、コロナ前まで増加傾向にあるとはいえ、2019（令和元）年度の石清水八幡宮の参拝者数は100万人を超えるくらい。伊勢神宮と比較すると約10分の1だ。規模が違うにしても、伊勢神宮に次ぐ地位でありながら、この参拝者数は少々寂しい。

しかし、石清水八幡宮がけっして魅力に劣っているわけではない。国土交通省近畿運輸局の資料によると、石清水八幡宮の特徴として、1000年以上にわたって祈りの中心となった神社、周辺にある仏教施設群の史跡、そして鎮守の森の男山が一体となっている点を挙げている。つまり、「祈りの聖地」というわけだ。

石清水八幡宮は日本古来の宗教と仏教が結びついた「神仏習合」が強い社《やしろ》としても知られ、ミュージアム的な側面を持つ。同時に、男山をはじめとする祈りの空間で時を過ごすこともできる。

また、資料では門前町である駅前の物件の活用や宿泊施設の充実が提案されている。これらの提案が実現したとき、石清水八幡宮は関西を代表する観光地になることは間違いない。ひるがえって考えると、参拝者数がそれほど多くない今だからこそ、静かな雰囲気が楽しめるということでもある。

有名社寺の多い関西で「観光要素ゼロ」の路線は？

これだけ観光施設や神社仏閣が沿線に多い関西大手私鉄において、観光要素ゼロの路線はあるのだろうか。

阪急では**千里線**（天神橋筋《てんじんばしすじ》六丁目〜北千里）が挙げられる。1921（大正10）年、北大阪電気鉄道によって開業し、開業当初の区間は淡路〜豊津《とよつ》間、開業の半年後に千里山駅まで延伸した。沿線は順調に宅地開発が進み、千里山駅西側にはイギリスの田園都市・レッチワースをモデルとした住宅地区も誕生した。現在も千里山駅周辺には「レッチワースロード」と称する道路があり、高級住宅地が並んでいる。

1959（昭和34）年に天神橋（現・天神橋筋六丁目）～淡路間が千里山線（現・千里線）に編入され、1967（昭和42）年に千里ニュータウンの玄関口の北千里駅まで延びた。1969（昭和44）年には大阪市営地下鉄堺筋《さかいすじ》線との直通運転が始まり、天神橋筋六丁目駅が開業した。同線の歴史は線形にも表れ、天神橋筋六丁目～千里山間はカーブが多いが、千里山～北千里間は同じ路線とは思えないほど直線区間が主体だ。

阪神は武庫川《むこがわ》線（武庫川～武庫川団地前）が観光要素ゼロ路線だが、ここでは観光要素ゼロから大きく変わった**阪神なんば線**（尼崎～大阪難波）を紹介したい。西九条駅から大阪難波駅まで到達したのは2009（平成21）年のことであり、それ以前は「西大阪線」という路線名で普通列車が尼崎～西九条間を往復するだけであった。尼崎～西九条間は工業地区と住宅地区の混在地区といえる。

1964（昭和39）年に開業した阪神西九条駅はJR大阪環状線、JRゆめ咲線（桜島線）の乗換駅ではあるが、同じJR・私鉄乗換駅の京橋駅や鶴橋《つるはし》駅と比較すると賑わいに欠ける。西九条延伸後は住民の反対もあり、近鉄難波駅への延伸はなかなか実現しなかった。

そのせいもあり、高架線が断ち切られた阪神西九条駅が寂しく見えたものだ。

阪神なんば線が開業すると、プロ野球オリックスバファローズのホームグラウンドである京セラドーム大阪付近にドーム前駅が開業した。試合日になると車内には多くのオリックスファンを見かける。地味ともいえた路線のあまりの変貌ぶりに、筆者としては驚きを禁じ得ない。

南海は**高師浜線**《たかしのはま》（羽衣《はごろも》〜高師浜）を取り上げよう。高師浜線は営業キロ1・5キロメートルの短距離路線で、全通したのは1919（大正8）年のことだ。当時の高師浜は海水浴場がある高級住宅地であった。そのため、開業当初は行楽輸送もある観光要素満載の路線だったが、戦後になると沖合が埋め立てられ工業地帯に。観光要素は薄れ、純粋な通勤通学路線になったのである。

開業当初の雰囲気を残すものとして、高師浜駅の駅舎が挙げられる。駅舎は開業当時からのもので、かつては美しいステンドグラスが自慢だった。大正モダンを今日に伝える貴重な存在といえる。なお、高師浜線は羽衣駅高架工事の影響により、2024（令和6）年まで運休中だ。2023（令和5）年5月現在、バス代行輸送となっている。

京阪は**交野線**《かたの》（枚方市〜私市《きさいち》）が当てはまる。交野線は1929（昭和4）年に開業したが、当初は近鉄生駒線の前身にあたる信貴《しぎ》生駒電鉄が運営した。紆余曲折《うよきょくせつ》を経て、正式に京阪の路線になったのは戦後のことだ。

枚方市駅を発車すると住宅地区が広がるが、何となくのんびりとした雰囲気が漂う。生駒山地の高台を目指すこともあり、高原鉄道のような上り勾配が続くことも要因のひとつだ。

沿線にある天野川は七夕伝説の発祥の地といわれ、過去には「おりひめ」「ひこぼし」と称する京阪本線・交野線直通列車が運行されたこともある。私市駅が近づくにつれ田園風景も見られ、路線距離6・9キロのわりに沿線風景の変化はある。

最後は**近鉄**だ。近鉄沿線には観光施設、寺

南海の高師浜駅。現在、ステンドグラスはレプリカのものになっている

社仏閣が多いため、意外と観光要素ゼロの路線を見つけるのは難しい。そのなかで紹介したいのが**近鉄けいはんな線**（長田～学研奈良登美ヶ丘《とみがおか》）だ。近鉄けいはんな線は大阪メトロ中央線と相互直通運転を実施し、大阪市中心部へと乗り入れる。

線名になっている「けいはんな」は京都府・大阪府・奈良県にまたがる京阪奈丘陵を指す。京阪奈丘陵には学術研究都市があり、「けいはんな学研都市」という愛称がある。

とはいえ、けいはんな線生駒～学研奈良登美ヶ丘間はニュータウンが目立ち、あまり学研都市の雰囲気が感じられないかもしれない。じつは研究所が集中するエリアは学研奈良登美ヶ丘駅の北東に位置し、主として京都府精華《せいか》町に属する。そこで学研奈良登美ヶ丘駅から学研エリアを経由し、近鉄京都線の新祝園《しんほうその》駅へ至る新路線を計画している。

このように、「観光要素ゼロ」の路線の歴史をたどると沿線環境により、路線の性格が大きく変わっていることがわかる。10年後はどのような姿になっているのだろうか。

CMに力を入れている大手私鉄は？

筆者が子どもの頃、すなわち1990年代は関西大手私鉄においても積極的にテレビコマーシャル（以下、CM）を流していたように記憶している。しかし、インターネットの発達の影響だろうか、以前と比較すると鉄道会社のCMを見る機会は減った。CMで有名になった関西大手私鉄はあるのだろうか。

この問いに、絶対外せないのが**京阪**の「おけいはんキャンペーン」である。利用者とのコミュニケーションを深めること、そして、京阪沿線のPR強化を目的に2000（平成12）年12月にスタートした。「おけいはん」のネーミングは京阪グループの「けいはん」とキャラクターの名前「けい子さん」を関西弁で呼ぶ際の愛称から名付けられた。

キャンペーンのこだわりは相当なものだ。具体的には京阪沿線に暮らす若い女性をモチーフにキャラクター「おけいはん」を仕立て、ポスターやテレビCMに出演させる。「おけいはん」は3年ごとに交代し、初代「おけいはん」は22歳のOL「淀屋けい子」（水野麗奈）であった。CMで流れた『出町柳《でまちやなぎ》から』は架空の歌手「中之島ゆき」（三浦理恵子）が歌う曲としてCD化もされた。

おけいはんは、姓が駅名にちなんで代替わりする。2023（令和5）年7月現在、8代目「おけいはん」は「枚方けい子」（三浦理奈）が担当する。名前となった枚方市は京都と大阪のほぼ中間に位置し、枚方市駅は京阪全駅で京橋駅、淀屋橋駅に次ぐ乗降者数を誇る。また、2025（令和7）年度の完了を目指し、駅前の再開発事業が進んでいることも背景にある。

ここ10年で個人的に印象に残ったCMは2014（平成26）年から2015（平成27）年にかけてテレビ放映された「阪神沿線物語」である。このCMは神戸出身の優子（佐藤江梨子）と、生まれも育ちも東京の達也（お笑いコンビ「ハマカーン」の神田伸一郎）のカップル生活を通じて、**阪神沿線**の魅力を伝えるものだ。

CMは9話で構成され、「プロポーズ編」から始まり、最終話は「新築祝い編」であった。優子役となった女優の佐藤江梨子さんは東京都出身だが、小学生の頃から一時期、神戸に住んでいた。1995（平成7）年の阪神・淡路大震災を経験したこともあり、阪神間には愛着を持っているという。

CMには阪神タイガースOBの赤星憲広《あかほしのりひろ》さんも出演するなど、豪華キャストも話題となった。ドラマ仕立てのCMということもあり、次の話が気になった方も多かったのではないだろうか。

7

沿線の未来戦略とは

近鉄・南海・京阪・阪急・阪神

コロナ禍で苦労した各社の経営状況は？

鉄道業界に限らず、2020（令和2）年からの新型コロナウイルス感染症、いわゆる「コロナ禍」により、多くの業界が苦しんだ。2023（令和5）年5月8日より、新型コロナウイルス感染症の感染法上の位置付けが「5類」となり、ようやく社会が落ち着いた感がある。

関西大手私鉄はどの程度、持ち直したのだろうか。ここでは決算並びに運賃収入を中心に見ていきたい。

近鉄グループホールディングス（近鉄GHD）は2022（令和4）年度決算において、売上高が前年度2・3倍の1兆5610億円になった。この数値は私鉄では首位。またJR西日本を抜き、関西鉄道界でもトップに躍《おど》り出た。

近鉄GHDの売上高が急伸した背景を説明しておこう。主因は2022年7月の株式公開買い付け（TOB）の成立により、物流企業の近鉄エクスプレスが近鉄GHDの連結子会社になったことだ。

もともと、近鉄エクスプレスは１９４８（昭和23）年、近畿日本鉄道の国際運輸部門として発足したのがはじまり。その後、近鉄系の旅行会社、近畿交通社（現・近畿日本ツーリスト）に営業譲渡された。１９７０（昭和45）年、近畿日本ツーリストから航空貨物部門が分離独立。それが現在の近鉄エクスプレスである。

コロナ禍以前から半導体などで航空貨物の需要が伸びていたが、コロナ禍により航空・海上輸送が混乱し、需要増・供給減の構造が生まれた。その結果、近鉄エクスプレスが好景気にわいたのである。近鉄ＧＨＤは近鉄エクスプレスという強力なエンジンを得た。

強力なエンジンを得た近鉄だが、２０２３年６月の運輸収入の回復率は２０１９年６月と比較すると94パーセントだ。近鉄では４月に大幅な運賃値上げに踏み切ったが、どれだけコロナ禍以前の水準に戻るのだろうか。

阪急阪神ホールディングス（阪急阪神ＨＤ）は２０２２年度の決算において、最終的な利益は前年比２・１倍の４６９億円となった。各項目を見ていくと、すべての事業で増収になり、とくに旅行事業の伸びが顕著《けんちょ》であった。

これからの注目は、やはりエンタメに含まれる阪神タイガースの動向だろうか。18年ぶりにセ・リーグ制覇を達成しただけに、エンタメ部門の決算が楽しみだ。また、阪急阪神

HDによると、経済成長が見込まれるASEAN諸国の不動産事業に力を入れるという。
阪急の運輸収入の回復率だが、2019年6月と比較すると、2023年6月は92パーセント。一方、**阪神**はもっとも回復率が高く97パーセントにもなる。阪神の回復率が高くなった要因として、阪神なんば線による観光輸送だけでなく、阪神タイガースの好調も挙げられるだろう。両社とも4月に運賃改定はしたが、「鉄道駅バリアフリー料金制度」に基づく10円の値上げにとどまる。
京阪ホールディングス（京阪HD）は2023年3月期の利益が前年比84パーセント増の176億円だった。京阪の場合、不動産業が堅調な一方、鉄道施設の改修を先送りすることによるコストカットが功を奏した。
運輸収入の回復率は、2019年6月と比較すると2023年6月は89パーセントと90パーセントを切る。
そんな運輸収入のカンフル剤になっているのがコロナ禍前の新サービス有料座席指定列車「ライナー」、有料座席指定車両「プレミアムカー」の存在だ。近年のダイヤ改正を見ても、「ライナー」「プレミアムカー」を育成する姿勢が見てとれる。
南海は5社のなかで鉄道、バスから成る運輸部門の営業収益の比率が高い。2022年度決算を見ると約40パーセントにもなる。ならば、コロナ禍では他社と比べて大損害を被《こうむ》ったのではといわれると、そうではない。2020(令和2)年度第2四半期決算で、JR・大手私鉄各社のなかで唯一、営業利益が黒字だったのが南海なのだ。

確かに南海も鉄道業は苦しんだが、他社とは異なり、レジャー・旅行業の比重が小さいことが幸いした。また、2014(平成26)年に**泉北《せんぼく》高速鉄道**を買収したことも大きい。泉北高速鉄道は鉄道会社だが、じつは物流業界にも強い。結果的に倉庫などの賃貸収入が経営に大きくプラスに働いた。2023年3月期の利益が3・6倍の146億円となっている。

一方、運輸収入の回復率は5社のなかではもっとも低く、2019年6月と比較すると2023年6月は86パーセントにとどまる。南海は2023年4月には運賃改定を行なわなかったが、同年10月に大幅な運賃値上げを行なった。それが、どの程度運輸収入に影響を与えるのか要注目だ。

このように、関西大手私鉄はコロナ禍で大いに苦しんだが、あの手この手で着実に復活の道を歩んでいるのだ。

新型車両を多く走らせている各社の路線は？

鉄道ファンならいざ知らず、一般の沿線住民にとっては古い車両よりも新しい車両のほうを好ましく感じるものだろう。古い車両の多くはリニューアルされているものの、乗り心地は最新車両と比較すると劣る。

また、本線級の路線であれば、少なからず車齢《しゃれい》が路線イメージにも影響するように思う。関西大手私鉄でもっとも新しい車両が走る路線はどこだろうか。どの路線に新型車両を投入しているかを見れば、各社の戦略も見えてくるだろう。

ここでは原則として関西大手私鉄の看板列車である特急車両の車両形式別のデビュー年から、もっとも新しい車両を用いている鉄道会社を見ていきたい。

阪急は**神戸本線**、**宝塚本線**、**京都本線**で特急が運行される。このうち、車齢がもっとも若いのは**京都本線**だ。もっとも古い7300系のデビュー年は1982（昭和57）年、もっとも新しい1300系で2014（平成26）年である。主力は2003（平成15）年に登場した転換クロスシート車の9300系だ。

阪神は急行系車両と普通系車両に分かれる。もっとも古い急行系車両の8000系のデビュー年は1984（昭和59）年。もっとも新しい1000系は2007（平成19）年デビュー。近鉄奈良線に直通する快速急行にも用いられる。

ところで阪神の直通特急には山陽電車も使用される。直通特急に用いられる山陽車の最古参5000系は1986（昭和61）年にデビュー、もっとも若い6000系は2016（平成28）年デビューだ。

京阪は基本的に特急に使用される車両が明確に決められているが、座席指定車両「プレミアムカー」を除き特別料金は不要だ。京阪特急の代名詞である2扉転換クロスシート車両8000系は、1989（平成元）年デビューだ。一方、3扉の転換クロスシート車両3000系のデビュー年は中之島線が開業した2008（平成20）年である。3000系に連結するプレミアムカーは2021（令和3）年デビューの新参者だ。

近鉄特急は特急券が必要なリクライニングシート車両で運行される。大阪難波〜近鉄名古屋間を走る速達型の「ひのとり」は2020（令和2）年にデビューした。

一方、主要駅停車型の列車には主に1988（昭和63）年生まれの「アーバンライナーplus」が用いられる。**南大阪線・吉野線**では、1960年代の特急型車両が定期列車に就いている。観光特急「青の交響曲」の車両は昭和生まれの通勤電車を改造したものだ。

最後に**南海**だが、**南海本線**と**高野線**で特急の性格は大きく異なる。**南海本線**の特急「サザン」はロングシート車両の自由席車両とリクライニングシート車両の指定席車両で運行される。ロングシート車両はじつにさまざまだ。

最古参の7100系は高度経済成長期にデビュー、最新車両8000系は2008年デビューだ。一方、リクライニングシート車両は1985（昭和60）年デビューの10000系が元気に活躍する。また、「サザン・プレミアム」の愛称を持つ12000系は2011（平成23）年のデビューだ。

一方、**高野線**の特急はすべてリクライニングシート車両で運行される。高野線のリクライニングシート車両は、1984年デビューの30000系と1999（平成11）年デビューの31000系だ。なお、空港特急「ラピート」に使われる50000系は1994（平成6）年にデビュー。「泉北ライナー」に使われ、難波駅に乗り入れる泉北高速鉄道12000系は2017（平成29）年にデビューした若い車両だ。

会社別に見ていくと、もっとも車齢が若い特急車両を用いるのは**京阪**だ。主力車両は平成以降の登場で、しかも2021（令和3）年生まれの3000系「プレミアムカー」が活躍する。列車別だと、2020年デビューの**近鉄**「**ひのとり**」がダントツに若い。それだけに他の特急型車両の若返りを早急《さっきゅう》に進めたいところだ。

副駅名の導入に積極的な近鉄の狙いは？

乗換案内アプリ全盛の時代になっても、駅名は大変重要なものだ。駅名を通じて、駅周辺の様子が何となくわかる場合もある。そのため、鉄道会社も名所・観光施設を積極的に駅名に盛りこみたいが、じつは駅名を変えるのは意外とコストがかかる。

駅名を変えるとなると、ホームにある駅名標を交換するだけでなく、全駅の料金表やきっぷ、主要駅だと車両の行先方向幕の交換も行なう必要がある。その点、駅名はそのままにし、施設名や観光名所を記した「副駅名」を駅名に追加する方法は費用もあまりかからず、沿線住民に周知することもできる。

いわば「お手軽な駅名変更」といった感じだろうか。そんな副駅名を積極的に活用しているのが**近鉄**である。

2022（令和4）年12月、**奈良線**の終着駅である**近鉄奈良駅**に副駅名「奈良公園前」

が設定された。この副駅名が示すように、近鉄奈良駅から奈良公園までは歩いてすぐである。駅名標には「奈良公園前」が記入され、かわいらしい鹿のイラストもあしらった。

奈良公園は奈良市の中心地にあり、東西約4キロメートル、南北約2キロの広大な公園だ。周辺には奈良国立博物館や春日大社、興福寺などの博物館、神社仏閣が並ぶ。

また、奈良公園で忘れてはならないのが鹿だ。奈良公園の鹿は「神の使い」と見なされ、約1300年前から、それぞれの時代ごとに保護されている。そのため、奈良公園は公園自体が奈良市を代表する観光名所であり、多くの観光客で賑わっている。

近鉄によると、副駅名「奈良公園前」の設定の狙いとして、奈良公園を訪れるのに便利な駅であることを広く知ってもらう点を挙げている。

じつは奈良市中心部にはJR奈良駅があるが、こちらは奈良公園の西南に位置し、奈良公園まで徒歩約20分を要する。そのため、関西では「奈良公園へは近鉄が便利」というのが半ば常識化しているが、まだ「日本の常識」とはいえない。

また、近鉄は2022年4月から京都～奈良～大阪を結ぶ観光特急「あをによし」を運行している。東海道新幹線からの乗り継ぎ客に対して、奈良公園へは近鉄が便利であることをPRする狙いもあるのだろう。

さらに、民間会社と駅をリニューアルした際に副駅名が設定された例もある。2022年4月、**南大阪線針中野駅《はりなかの》**に副駅名「長居《ながい》公園 植物園前」が設定された。駅周辺にある長居公園、長居植物園のリニューアルに合わせて、針中野駅自体もリニューアル。長居公園の管理事業者である「わくわくパーククリエイト」がヤンマーのグループ会社という経緯があり、近鉄はヤンマーのデザイン部門と共同で駅の新装工事を進めた。駅構内は公園や植物園をモチーフにした装飾が施《ほどこ》され、副駅名とも相まって針中野駅が長居公園、長居植物園の最寄り駅であることを十二分にPRしている。

「近鉄」と聞くと、伊勢志摩や志摩スペイン村などの主要観光地を思い浮かべるが、針中野駅の事例のように副駅名を通じて、全国規模でない名所、観光地を掘り起こしているように感じる。今後の副駅名の展開に期待したい。

近鉄の路線が大阪府・奈良県に多い歴史的背景とは?

近鉄はJR各社を除くと、もっとも路線距離が長い鉄道会社だが、2府3県(大阪府、京都府、奈良県、三重県、愛知県)にまんべんなく路線があるわけではない。試しに近鉄が発行している『近鉄時刻表』にある路線図を見てみよう。

するると、大阪府と奈良県に多くの支線が存在することに気づく。**道明寺《どうみょうじ》線**（道明寺～柏原《かしわら》）、**信貴《しぎ》線**（河内山本～信貴山口）に至っては全長3キロメートルにも満たないミニ路線だ。

一方、京都府は**京都線**しかない。三重県内の支線は**鈴鹿線**（伊勢若松～平田町）、**湯の山線**（近鉄四日市～湯の山温泉）にとどまる。なぜ、これほどまでに地域差が生まれるのだろうか。

まず、大阪府、奈良県内に支線が多い理由として考えられるのが地形だ。近鉄が走る大阪府東部には河内平野と呼ばれる平坦な土地が広がる。奈良県にある**田原本《たわらもと》線**（西田原本～新王寺）、**天理線**（平端《ひらはた》～天理）は「大和平野」とも呼ばれる奈良盆地に含まれる。とくに大阪府東部は、平野部が少ない三重県や京都府よりも鉄道路線が敷きやすい環境にあるといえるが、地形だけでは明らかに説得力に欠ける。

ふたつ目は、かつて大阪府・奈良県に存在した小私鉄が国鉄の駅から積極的に路線を敷き、近鉄の前身である大阪電気軌道（大軌《だいき》）や近鉄が次々と傘下に置いたことが挙げられる。たとえば、天理線は1915（大正4）年に天理軽便《けいべん》鉄道が敷設した路線だが、当初は新法隆寺～天理間であった。天理市は、天理教の教会本部がある宗教都市だ。しかし、天理線が全通するまで、大阪から天理へは国鉄関西本線奈良駅から桜井線へ乗り換える必要があり、ルート的に無駄が多かった。

そこで、新法隆寺駅で関西本線法隆寺駅と接続し、天理へ向かうショートカット路線を建設した。ところが、線路幅が狭い軽便鉄道ということもありスピードが遅く、あまり利用されず経営危機に陥った。

ここで救いの手を差し伸べたのが、近鉄の前身である大阪電気軌道である。大軌は1917（大正6）年に大和西大寺～橿原《かしはら》神宮前間を結ぶ畝傍《うねび》線（現・**橿原線**）の敷設《ふせつ》を申請した。

国は同線が天理軽便鉄道の経営を直撃することを危惧《きぐ》し、大軌が天理軽便鉄道を買収することを条件に許可を出した。1920（大正9）年に天理軽便鉄道の承認を得たうえで無事に譲渡が行なわれ、「大軌天理線」になった。戦後に平端～新法隆寺間が廃止となり、今日に至る。

しかし、この考察も十分ではない。なぜなら、かつて三重県にも内部《うつべ》線、八王子線、養老線などの支線が存在したからだ。3つ目に考えられる理由は平成に行なった近鉄の合理化である。

1990年代に入るとバブル経済が崩壊し、日本は不況にもがき苦しむことになる。近鉄も例外ではなく、1991(平成3)年度をピークに乗客減が続き、厳しい局面を迎えた。乗客が少ないローカル線においてワンマン運転を開始するなど対策を行なったが、局面の打開には至らなかった。

そこで、2003(平成15)年に北勢線を三岐《さんぎ》鉄道へ譲渡。2007(平成19)年に伊賀線と養老線をそれぞれ伊賀鉄道、養老鉄道に譲渡。2015(平成17)年に内部線・八王子線を四日市あすなろう鉄道に譲渡し、ローカル線の切り離しが終了した。近鉄から離れた5路線はいずれも三重県内にあったことから、同県における近鉄の存在感は少し低下したといえるだろう。

一方、大阪府、奈良県にある支線は、三重県に存在した支線と比較すると沿線人口も多く、当分は安泰といえる。

このように見ていくと、近鉄の路線図は近鉄がたどってきた紆余曲折の歴史を示す古文《こもん》書《じょ》のようなものだ。これから、路線図はどのように変わるのだろうか。

乗換駅でも優等列車を停車させない南海の思惑は？

一般的に他線へ乗り換えできる駅には特急、急行などの優等列車が停車する。しかし、すべての乗換駅に優等列車が停車するわけではない。そんな例外的な存在が**南海高野線**の**三国ヶ丘《みくにがおか》駅**、**中百舌鳥《なかもず》駅**である。

三国ヶ丘駅はJR阪和線「三国ケ丘駅」との接続駅である。新今宮駅を別にすると貴重な中間接続駅であり、1日を通じて南海～JR間の乗り換えが絶えない。現に定期券保有者に限ると、JR阪和線への乗換客のほうが同駅の乗降客を上回る。

しかし、三国ヶ丘駅は急行通過駅であり、普通と準急しか停車しない。急行が停車しない理由はJR阪和線への流出やダイヤのバランスもあるが、路線環境や駅周辺の環境も考えられる。

ひとつ目に隣駅の堺東《さかいひがし》駅にはすべての列車が停車する。同駅は駅名に「東」が付くが、堺市役所の最寄り駅であり、南海本線の堺駅よりも乗降客数は多い。難波から郊外のニュータウンへの輸送を主目的とする急行にとって、堺市内での連続停車は避けたいところだろう。

一方、三国ヶ丘駅周辺には2019（令和元）年に世界文化遺産に登録された大仙《だいせん》古墳があるが、大仙古墳拝所の最寄り駅はJR阪和線の百舌鳥《もず》駅である。三国ヶ丘駅からだと、かなり遠回りになるので注意したい。

2014（平成26）年に駅のリニューアル工事が完了し、商業施設が入る駅ビルもずいぶん綺麗になった。しかし、駅周辺は大仙古墳を除くと特筆すべき施設はなく、急行停車駅になるには「あと一押し」が必要なのだろう。

中百舌鳥駅も堺市にある。関西で「中百舌鳥」と聞くと、南海の駅というよりも大阪メトロ御堂筋《みどうすじ》線の終着駅というイメージが強い。他に南海グループの泉北高速線も分岐する。つまり、中百舌鳥駅は3線が乗り入れる交通の要所である。

しかし、南海中百舌鳥駅には準急、普通しか停車しない。泉北高速線に直通する区間急行も通過し、中百舌鳥駅で降りそこなったという話も聞く。泉北高速鉄道が南海グループになった翌年の2015（平成27）年、泉北高速線直通の区間急行が大増発された。狙いは難波へ直通する大阪メトロ御堂筋線への流出の防止と考えられる。

しかし、中百舌鳥駅周辺に重要施設があれば、優等列車も停車せざるを得ない。じつは

1980年代に、中百舌鳥は「大阪の副都心候補」として脚光《きゃっこう》を浴びたことがあった。一時は大手百貨店の出店も計画されたが、バブル崩壊により頓挫《とんざ》した経緯がある。

　現在、堺市は中百舌鳥エリアを「イノベーション創出拠点」と位置付け、社会や地域に新たな価値を生む拠点の形成を進めている。この計画の背景には交通アクセスの良さだけではなく、ビジネス環境が整っている点も挙げられる。

　中百舌鳥にはビジネスをサポートする堺市産業振興センター、さかい新事業創造センター（S-Cube）があり、大阪公立大学中百舌鳥キャンパスにも近い。「イノベーション創出拠点」が本格稼働したら、南海は区間急行を

拠点駅への飛躍が期待される南海高野線の中百舌鳥駅

停車せざるを得なくなるのだろうか。

苦戦が続く京阪中之島線に未来はあるか？

京阪中之島線（天満橋《てんまばし》～中之島）は２００８（平成20）年に開業した京阪でもっとも新しい路線だが、２００９（平成21）年開業の**阪神なんば線**とは対照的に苦戦が続いている。なぜ、苦戦しているのだろうか。そして、中之島線に明るい未来はあるのだろうか。

中之島線の建設が本格的に検討されたのは１９８９（平成元）年のことであった。この年に運輸省（現・国土交通省）の運輸政策審議会にて、同線が「２００５（平成17）年までに整備に着手することが適当である」という結論に至った。工事は２００３（平成15）年に始まり、５年の年月を経て、２００８（平成20）年10月に開通した。

中之島線の建設目的は、大阪都心のオフィス街である中之島への足の確保はもちろんだが、じつはそれだけではなかった。建設が本格的に検討された１９８９年当時、京阪本線天満橋～淀屋橋間の輸送力が限界に達したが、構造的に10両編成の運行も難しい状況であった。そこで、天満橋駅から分岐する中之島線を建設することにより、列車の増発と10両編成の運行も可能になるという期待があったのだ。

こうして中之島線は開通したわけだが、同線は開業初年度から利用者の低迷にあえいでいる。京阪では1日あたり7・2万人の利用者数を見込んでいたが、2018（平成20）年度は2・8万人。コロナ禍の時期には2万人を割ってしまった。

低迷はダイヤにも反映されている。開業当初のダイヤは出町柳《でまちやなぎ》に直通する快速急行が乗り入れ、天満橋～淀屋橋間に引けをとらない充実ぶりだった。ところが、現在のダイヤでは快速急行は皆無《かいむ》に近く、下位種別の普通・区間急行・準急が主体だ。とくに日中時間帯は普通のみの運行で、本当に寂しい現状だ。

中之島線の低迷には、いくつかの要因が挙げられる。まず2008年に始まったリーマンショックだ。この影響により、中之島の再開発が遅れた。また、沿線には繁華街も少なく、中之島線の沿線自体に魅力を感じられない点が大きい。

都心回帰の影響も考えられる。2014（平成26）年に公開された中之島線建設にかかわった第三セクター「中之島高速鉄道」の事後評価総括表によると、人々の都心回帰により、郊外から都心への通勤利用が減少傾向にあることを指摘している。つまり、1989年に浮上した10両編成の運行といった輸送力増強はもはや必要ない、ということだ。

それでは、このまま中之島線は野垂《のた》れ死にしてしまうのだろうか。筆者は否定したい。

ひとつには、ようやくではあるが、中之島の再開発が進行している点だ。具体的には国土交通省が２０２１（令和３）年に民間都市再生事業計画に認定した「中之島４丁目未来医療国際拠点整備事業(仮称)」が挙げられる。

この事業は、未来医療を推進する国際拠点づくりを目指すものだ。２０２４（令和６）年１月には、最先端医療を提供する医療機関、医療関連の開発・支援側の企業などが集う全国初の施設が竣工《しゅんこう》する。規模は地上17階建て、高さ86メートルにもなり、中之島はもとより、大阪の産業の新たな目玉になることは間違いない。

再開発プロジェクトが進んでいる中之島地区

もうひとつは、中之島線の延伸計画や新線「なにわ筋《すじ》線」との接続が挙げられる。延伸計画は2025（令和7）年の大阪・関西万博の開催地である夢洲《ゆめしま》と関連している。万博開催後、夢洲ではカジノを中心とした統合型リゾート（IR）が開業する予定だ。2023（令和5）年4月には国土交通省が夢洲のIR計画を認定し、実現に向け大きく前進した。このビッグニュースに喜んだ路線のひとつが中之島線である。

2018（平成30）年、京阪は中之島線の中之島駅から九条駅・西九条駅までの延伸計画を明らかにした。九条駅では大阪メトロ中央線、西九条駅はJRゆめ咲線（桜島線）と接続する。2023年8月現在、大阪メトロ中央線は夢洲への延伸が決定済みだ。

一方、JRゆめ咲線はバス輸送を介することで夢洲へのアクセス路線として機能する予定だ。つまり、中之島線の延伸は京阪沿線と夢洲を結ぶことを目的としているのだ。

2023年7月、京阪は中之島線を九条駅まで延伸する計画について「検討委員会」の立ち上げを発表。早ければ同年度末までに、延伸の可否について結論を出すとしている。

ところで、関西では梅田と関西空港を結ぶ新線「なにわ筋線」の建設で盛り上がっている。中之島線は「なにわ筋線」中之島駅（仮称）と接続する予定だ。そうなれば、京阪沿線～関西空港間の新ルートができ、空港アクセスが大きく改善される。

このように、中之島線は沿線開発と新たな需要により、逆転ホームランを狙う。賑わっている中之島線を見つめる子どもたちに、「昔はガラガラな路線だったんだよ」と伝える日が来るのだろうか。

南海の観光開発に真っ向勝負を挑んだJR線とは?

本書は関西大手私鉄をメインテーマとしているが、ここでは例外的にJR線を扱いたい。取り上げる路線はJR阪和線の支線、通称「羽衣線《はごろもせん》」である。

羽衣線は阪和線の主要駅である鳳《おおとり》駅と東羽衣駅を結ぶ全長1・7キロメートルの路線だ。東羽衣駅から徒歩すぐのところに**南海羽衣駅**がある。これだけ近ければ「JRも羽衣駅にすればいいのでは」と思うのだが、そこは「JR西日本と南海」というライバル関係から許されないのだろう。

そもそも、阪和線の前身は阪和電気鉄道という私鉄線であった。1929(昭和4)年に阪和天王寺(現・天王寺)〜和泉府中《いずみふちゅう》間、鳳〜阪和浜寺間(現・東羽衣)が開業。翌1930(昭和5)年には阪和東和歌山(現・和歌山)まで延び、めでたく全線開業となった。

阪和電気鉄道の路線は南海本線とほぼ並行に走り、果敢《かかん》に南海に勝負を挑《いど》んだ。全線開業時に鳳駅のみ停車する急行列車を設定し、阪和間を65分で結んだ。一方、南海は難波〜和歌山市間を60分で結ぶ特急列車を新設。阪和電気鉄道の挑戦を受けて立ったのだ。

1933（昭和8）年、阪和電気鉄道は阪和間を45分で結ぶノンストップ特急「超特急」を設定。スピードで劣る南海は日本初の冷房車両を投入し、スピードだけでなくサービス面でも熾烈《しれつ》な競争がくり広げられた。

一連の背景を考えると、なぜ、阪和電気鉄道が羽衣線を建設したのか疑問に思うことだろう。「南海の駅近くに路線を建設したら、利用客が南海に流れてしまうのでは」と。ところが、この羽衣線も南海に勝負を挑む重要な路線だったのである。

南海は1897（明治30）年に**浜寺公園駅**を開設すると、浜寺公園のリゾート開発に着手。浜寺海水浴場、浜寺公会堂などの施設を次々と設け、日本一の海浜リゾートへと発展させた。また、単なるリゾート地ではなく、浜寺公会堂に新渡戸《にとべ》稲造《いなぞう》ら著名人を招いて講演会を開催するなど、インテリからも好かれるスポットとなった。

このような魅力あふれるリゾート地を阪和電気鉄道が黙って見ているはずがない。そこで、浜寺公園近くに駅を設け、リゾート客を横取りする作戦に出たのだ。7月という開業月、「阪和浜寺」という駅名からもその意図は明らかだった。

その後、阪和電気鉄道は１９４０（昭和15）年に南海に買収され、１９４４（昭和19）年に国の施策により国鉄阪和線となった。現在、羽衣線は4両編成の転換クロスシート車が往復する生活路線となっている。

8

近鉄・南海・京阪・阪急・阪神

いま注目すべき路線とは

関西の大手私鉄で、もっとも成長著しい路線は?

コロナ禍の影響は別にして、21世紀において関西大手私鉄のなかでもっとも成長した路線は**阪神なんば線**だろう。

阪神なんば線は尼崎〜大阪難波間を結ぶ。2009(平成21)年に西九条〜大阪難波間が開業し、悲願の全通を果たしたのだ。同線の開業により、阪神と**近鉄**との相互直通運転が実現し、神戸三宮〜近鉄奈良間において直通の快速急行が運行されている。

阪神なんば線は、開業時から関西経済に多大な貢献を果たしてきた。開業翌年の2010(平成22)年3月に公表された住友信託銀行(現・三井住友信託銀行)のレポートによると、阪神なんば線開業にともなう2009〜2010年の1年間における経済効果は76億円になったという。

また、阪神なんば線開業からの1年間で梅田駅(現・大阪梅田駅)の1日乗降客数は約1万8000人減少したが、阪神線からの大阪難波駅の1日あたりの乗降客数は2万人強であった。つまり、阪神の利用者は差し引き1日約2000人、年間では73万人増加したことになる。さらに阪神は2009年に「第8回日本鉄道賞」、2010年に「関西財界セミナー賞2010」大賞を受賞した。

その後も順調に成長し、阪神なんば線の利用者は開業初年度の5万8000人から10年間で約10万人に到達した。阪神なんば線の成長に呼応《こおう》し、神戸三宮駅の1日の利用者数も約8万7000人から11万人以上に伸びた。

そして、神戸三宮〜近鉄奈良間の快速急行の両数にかんして、開業当初は神戸三宮〜尼崎間では6両編成だった。現在は平日夕ラッシュ以降と土休日は、全線にわたり8両編成で運行されている。増車するだけ利用客が増えているというわけだ。ただし、2022（令和4）年12月ダイヤ改正では平日日中時間帯は減便となり、時間帯・曜日により利用者に差が生まれているという点も指摘しておきたい。

阪神なんば線大ヒットの要因は、乗り換えなしで神戸〜奈良間が移動できること、阪神沿線から難波へダイレクトにアクセスできる点が挙げられる。その他の要因として挙げられるのが沿線環境だ。

阪神なんば線沿線は集客施設に恵まれている。まず、ドーム前駅周辺にはプロ野球チーム・オリックスバファローズの本拠地「京セラドーム大阪」（京セラドーム）がある。京セラドームはコンサートなどのイベントにも使われ、土休日でもラッシュ時並みに車内が混雑することが珍しくない。

ふたつ目はユニバーサル・スタジオ・ジャパン（ＵＳＪ）の存在だ。ＵＳＪは阪神なんば線沿線にはなく、ＪＲゆめ咲線（桜島線）沿線にある。

だが、阪神なんば線からのアクセスは簡単だ。阪神なんば線・ＪＲゆめ咲線の接続駅西九条駅から最寄り駅のユニーバーサルシティ駅まで5分だ。

ＵＳＪは関西を代表するテーマパークだが、２０１０年頃は来場者数が伸び悩んでいた。２０１４（平成26）年にハリー・ポッターエリアがオープンし、Ｖ字回復を達成。イ

JR線との乗り換えも便利な阪神なんば線の西九条駅

ンバウンド客の増加もあり、西九条駅の定期外の乗降客数が増えた。

2025（令和7）年には夢洲《ゆめしま》で大阪・関西万博が開催される。JRゆめ咲線は万博へのアクセス線として活用され、西九条駅の利用者数の増加が予想される。これからますます、阪神なんば線が果たす役割は大きくなることだろう。

「普通のみ停車」駅で、もっとも乗降客数が多いのは？

関西大手私鉄の本線には特急や急行など多くの種別が存在する。つまり、本線級の路線では意外と普通列車のみ停車する駅はそれほど多くない。本線級の路線において普通列車しか停車しない駅のなかでもっとも乗降客数が多い駅はどこだろうか。

阪急では、兵庫県尼崎市にある**神戸本線**の**園田駅**《そのだ》になる。園田駅における1日の乗降客数は約2万6000人になり、阪急全駅では23位である。園田駅の乗降客数は特急停車駅の夙川《しゅくがわ》駅・岡本駅よりも多い。

園田駅は尼崎市東部にあり、藻川《もがわ》と猪名川《いながわ》に挟まれたところにある。周辺は住宅地が広がっているが、もっとも目立つ施設は駅から北約2キロメートルにある地方競馬の園田競馬場だ。園田駅から園田競馬場までは専用バスが運行されている。園田競馬場は人気の地方競馬場として知られ、2012（平成24）年からはナイター競馬も開催されている。

阪神は、神戸三宮駅の東隣に位置する**阪神本線春日野道駅**《かすがのみち》だ。春日野道駅の乗降客数は1万3835人。1万3000人台で並ぶのが、同じく神戸市にある区間特急停車駅の青木駅だが、わずかながら春日野道駅が上回る。

かつて春日野道駅周辺は工業地帯が広がり、「東の新開地《しんかいち》」と呼ばれた時期もあった。現在は阪神・淡路大震災以降に建設された東部新都心「HAT神戸」の団地群がそびえ立つ。つまり、「HAT神戸」の発展により、春日野道駅の乗降客数も増加したということだ。

阪神春日野道駅で言及すべき点はホーム幅である。改良工事以前は線路に挟まれたホーム幅2・6メートルの狭い地下駅であった。2006（平成18）年に改良工事が完成。2面2線の駅に生まれ変わり、エレベーターやエスカレーターも整備された。このようなバリアフリー化も同駅の乗客増につながったといえるだろう。

京阪は2020年にかんしていえば、京橋駅のふたつ隣、**関目駅**《せきめ》だった。乗降客数は約1万2000人である。関目駅がある大阪市城東区は、全国屈指の人口密度が高いところで知られる。面積8・42平方キロメートルの範囲のなかに約16万人も住んでいる。駅周辺は住宅地の他に関目商店街があり、昔ながらのローカルな雰囲気が感じられる。

関目駅の周辺には大阪メトロ今里筋線《いまざとすじ》の関目成育駅《せきめせいいく》がある。今里筋線は大阪市東部の南北を走り、市内中心部には乗り入れない。今里筋線は2006年に開業したが、京阪線には特段の影響がないように思われる。

ちなみに、京橋駅と関目駅の間にある野江駅《のえ》の乗降客数は約1万1900人（2020年）だ。野江駅から徒歩すぐの場所にはJRおおさか東線の野江駅がある。JRおおさか東線は2023（令和5）年3月に大阪駅へ乗り入れを果たしたことから、関目駅と野江駅との乗降客数の差が広がるのか気になるところではある。なお、2022（令和4）年は、わずか40人差で野江駅が1位となった。

近鉄は、大阪府東大阪市にある**大阪線**の**長瀬駅**だ。乗降客数は約2万7000人。奈良線の八戸ノ里駅《やえのさと》に約2000人差をつける。乗降客数が多い要因は、駅の東側にある近畿大学東大阪キャンパスの存在だ。

近畿大学は学生数約3万4000人を抱えるマンモス大学で、メインキャンパスが東大阪キャンパスとなる。長瀬駅からキャンパスまでは東へ約1キロの道のりとなり、多くの商店が並ぶ学生街を形成する。2008（平成20）年にはJRおおさか東線の長瀬駅が開業したが、近鉄よりも500メートルほど西にあり、キャンパスの最寄り駅が近鉄長瀬駅であることに変わりはない。入試シーズンになると一部の優等列車も臨時停車する。

ところで近畿大学といえばマグロの養殖が有名だが、マグロは東大阪キャンパスにはいない。マグロの養殖は和歌山県串本《くしもと》町の大島実験場で行なわれている。

南海は**南海本線住ノ江駅**で、大阪市住之江区にある。乗降客数は約1万1000人。これまで挙げてきた駅ではもっとも少ない乗降客数となる。

「住ノ江駅」と聞いて、鉄道ファンなら車庫にあたる住ノ江検車区を思い浮かべることだろう。住ノ江検車区には空港特急「ラピート」

近鉄大阪線の長瀬駅。駅周辺は「学生街」といった趣がある

など南海本線の電車が並び、鉄道ファンならずともホームから眺めるのは楽しい。

住ノ江駅から東300メートルの位置には阪堺《はんかい》電気軌道の安立町《あんりゆうまち》電停がある。阪堺電車を使うと安立町電停から天王寺へは1本で行ける。天王寺も「あべのハルカス」が並ぶなど、難波と双璧《そうへき》を成すターミナル駅になろうとしている。難波・天王寺へ1本でアクセスできる住ノ江駅周辺の利便性は高いといえるだろう。

ところで競艇ファンなら「住ノ江」と聞くと、「BOAT RACE住之江」を思い浮かべることだろう。しかし、住ノ江駅から「BOAT RACE住之江」までは直線距離にして1・6キロもあり、最寄り駅は大阪メトロ住之江公園駅となる。

ここでは普通列車しか停車しない乗降客数が多い駅を取り上げたが、1位と2位の差がわずかなケースもある。今後、沿線環境の変化により、順位が大きく変わる可能性は大いにある。

「ターミナル駅の隣にある駅」の特徴は?

1日あたりの乗降客数がもっとも多い駅は、だいたいターミナル駅ということもあり、全国的にも知られている。それでは、その隣にある駅はどのような佇《たたず》まいを見せているのだろうか。

阪急大阪梅田駅の隣駅は**中津《なかつ》駅**となる。中津駅には**神戸本線・宝塚本線**に狭い島式ホームが存在するが、京都本線には設置されていない。神戸本線は普通、宝塚本線は準急・普通が停車する。大阪梅田駅の隣駅とは思えないほど、駅周辺はレトロなお店があり、のんびりとした雰囲気が漂う。

「中津」という地名はかつて存在した中津川に由来する。「梅田」という地名からも想像がつくように、中津・梅田周辺は低湿《ていしつ》地帯であった。なお大阪メトロ御堂筋《みどうすじ》線にも中津駅は存在するが、阪急中津駅から４００メートルほど離れているため、乗換駅には指定されていない。

ホームから南西方向に目をやると、空中庭園展望台で知られる梅田スカイビルが見える。中津駅から梅田スカイビルへは徒歩10分程度の距離だが、特急停車駅ではないせいか、観光客の姿は見られない。

阪神の**福島駅**は中津駅と同じく「大阪梅田駅」の隣駅だが、雰囲気はまったく異なる。同駅は１９９３（平成５）年に地下駅となり、現在は普通と区間急行が停車する。１９９

7（平成9）年に開業したJR東西線の新福島駅に隣接するが、両駅の間に地下通路は存在しない。

福島駅の両隣にあたる大阪梅田駅・野田駅もJR東西線と接続し、野田駅には急行が停車する。阪神～JR東西線間の乗り換えは大阪梅田駅・野田駅に任せようという算段なのだろう。また、乗換案内放送はないが、JR大阪環状線福島駅、京阪中之島《なかのしま》線中之島駅へも徒歩移動で乗り換え可能だ。

他に福島駅周辺で注目したいのは、旧線跡に建った超高層ビル「ラグザ大阪」だ。ラグザ大阪は北棟と南棟から成り、南棟にはホテル阪神大阪が入る。このように、福島は阪神色の濃い土地なのだ。

京阪で1日の乗降客数がもっとも多い駅は中間駅の京橋駅だ。ここでは京都寄りの隣駅である**野江駅**《のえ》を取り上げる。

野江駅は普通しか停車しないが、駅周辺にはJR線や大阪メトロが走っている。まず、駅から200メートル圏内には2019（令和元）年に開業したJRおおさか東線のJR野江駅がある。前述したが、2023（令和5）年3月の大阪駅（うめきたエリア）の開業にともない、JRおおさか東線は大阪駅乗り入れを果たした。大阪駅乗り入れが野江駅の乗降客数に変化をもたらすのか、気になるところではある。

また、500メートル圏内には大阪メトロ谷町線野江《のえ》内代《うちんだい》駅がある。駅名からわかる通り、「野江」と「内代」というふたつの地名を組み合わせている。谷町線は東梅田駅を経由し、大阪市中心地へ乗り入れるが、野江駅から徒歩10分程度を要するため、乗換客は少ないものと思われる。

駅周辺はマンションや住宅が立ち並ぶが、近くには城東区役所や大阪市立城東図書館がある。交通の便も考慮に入れると、きわめて利便性の高いところといえよう。

近鉄で乗降客数がもっとも多い駅は商業施設「あべのハルカス」に隣接する南大阪線の

JR野江駅と至近距離にある京阪本線野江駅

大阪阿部野橋駅。大阪阿部野橋駅の隣駅は**河堀口駅**《こぼれぐち》だ。

河堀口駅も普通しか停車しないが、同駅の特徴は学校が多いことだ。周辺には小学校・中学校・高校・専門学校が多く、学生の姿が目立つ。このうち、大阪府立天王寺高校は府内トップクラスの進学校として知られる。

また、南約300メートルにはJR阪和線の美章園《びしょうえん》駅がある。こちらもターミナル駅の天王寺駅の隣駅で普通しか停車しない。

南海は難波駅と新今宮駅の間に**今宮戎**《いまみやえびす》**駅**がある。今宮戎駅は高野線しかホームがなく、南海本線の電車はホーム横を軽々と通過する。そのため、南海本線は「普通」、高野線は「各停」という具合に種別が区分されているのは、よく知られた話だ。

同駅は駅名の由来になっている商売繁盛の神様をまつる今宮戎神社の最寄り駅だ。毎年1月9日〜11日の「十日《とおか》えびす」には大変な賑わいを見せる。

このように、ターミナル駅の隣駅は〝五種五様〟であることがわかる。一方、ターミナル駅周辺では、再開発を含む大規模開発がよく行なわれる。もしかしたら、その影響でどの駅も周辺の様相が一変するかもしれない。

住宅地として、いま熱い視線を浴びる意外な街は？

「関西ではそれなりに有名だが、関東ではあまり知られていない」という駅が、関西には多数存在する。その代表格が**阪急**の**十三《じゅうそう》駅**ではないだろうか。

十三駅は大阪梅田駅から淀川を渡ったところにあり、**神戸本線**、**宝塚本線**、**京都本線**が乗り入れる。当然のことながら、十三駅は乗換駅として機能し、昼夜を問わず乗換客で賑わう。1日の乗降客数は京都河原町駅に次いで、阪急全駅では第6位。乗降客数は約5万8000人である。

また不動産・住宅サイトSUUMO（スーモ）が発表した「住みたい街（駅）ランキング2023」において、十三駅はランクインしていない。その背景には、昭和の時代から「十三＝大阪屈指の歓楽街」というイメージがあるからだろう。しかし、十三は現在、ポテンシャルが高いエリアとして注目を集めている。

まず、鉄道面から見ていこう。現在、阪急では新大阪～十三間を結ぶ「新大阪連絡線」と十三～JR大阪（うめきたエリア）間を結ぶ「なにわ筋《すじ》連絡線」を計画している。「なにわ筋連絡線」は2031年春開業予定の南海・JRが乗り入れる「なにわ筋線」に接続し、南海・JRに乗り入れるかたちで新大阪駅から十三駅、大阪駅（うめきたエリア）を経て関西空港へ乗り入れる。阪急は両路線を「なにわ筋線」に合わせるかたちで同時期の開業を目指すとしている。

つまり、十三から新大阪、関西空港へ1本でアクセスできるようになるのだ。なお、「新大阪連絡線」「なにわ筋連絡線」が乗り入れる十三駅はJR大阪駅（うめきたエリア）のような地下駅になる。

これは南海の線路幅が狭軌《きょうき》1067ミリメートルであることに起因する。阪急の線路幅は標準軌1435ミリのため、現行の阪急電車は南海に乗り入れることはできない。いずれにせよ、十三駅は現在よりもさらにパワーアップした駅になるのだ。

十三駅に新線が乗り入れることを見越して、駅周辺の不動産開発にも熱が入る。2023（令和5）年6月には阪急阪神不動産が超高層レジデンス「ジオタワー大阪十三」を含む複合開発計画を発表した。

場所は淀川から近く、十三駅から南へ徒歩3分のところだ。開発は東側敷地と西側敷地から成り、西側敷地には履正社《りせいしや》が運営する医療系専門学校が開校する。東側敷地には39階建ての複合施設棟が建つ。

このうち3～39階は712戸のタワーマンション「ジオタワー大阪十三」となり、関西では最大規模のマンションとなる。2階には大阪市立図書館や履正社が運営する学校図書館などが入る予定だ。

学校図書館の一部は一般開放され、新たなコミュニティーづくりの場となる。阪急阪神不動産は「ジオタワー大阪十三」を起爆剤とし、十三を西宮北口のように「住みたい街」ランキングトップにすると意気込む。

新大阪、関西空港から1本でアクセスできるようになり、住環境も整備される十三。関東の人々にも広く知られ、「住みたい」とうらやましがられるかどうか。全国的に十三が

十三駅前は大阪屈指の歓楽街として知られる

羨望《せんぼう》の的になったあかつきには、「十三」駅を「じゅうさん」駅と読み方を間違えられることもなくなるだろう。

ちなみに、十三はグルメ好きにはたまらないエリアといえる。たとえば、ねぎ焼発祥の店「ねぎ焼やまもと」は十三で生まれ、50年以上の歴史を有する。再開発が進むが、このような歴史ある名店も残ってほしいものだ。

路線の移設・地下化が〝幻〟になりかけている路線は？

知事の交代により、路線の移設・地下化計画が幻になりつつある路線がある。それは、**近鉄奈良線**の**大和西大寺**《やまとさいだいじ》**〜近鉄奈良**間の移設・地下化計画だ。大和西大寺駅は**奈良線**、**京都線**、**橿原**《かしはら》**線**の3線が集うターミナル駅であり、列車の平面交差は鉄道ファンの間で人気が高い。

大和西大寺駅を発車すると奈良線は平城宮跡を横切り、地上駅の新大宮駅に着く。新大宮駅には特急を除く全種別が停車する。近鉄奈良駅は地下駅となり、奈良公園をはじめとする観光名所に近い。

次に移設・地下化計画の概要を確認しよう。これにはふたつの背景があり、少々ややこしい。ひとつ目は2008（平成20）年に文化庁が策定した平城宮跡保存整備の基本構想推進計画だ。現在、近鉄奈良線は平城宮跡内を横切り、一種の風物詩として沿線では名物になっている。この計画では景観改善を理由に、奈良線の移設が課題に挙げられた。

ふたつ目は2017（平成29）年から2018（平成30）年にかけて、国土交通省によって大和西大寺駅付近～新大宮駅付近間にある8つの踏切が「改良すべき踏切道」に指定されたことである。このうち4踏切は大和西大寺駅西側にあり、大和西大寺駅周辺の高架化で対応する方針だ。

また、奈良線の移設にかんしては大和西大寺駅から南下して平城宮跡の南側を経由し、大宮通の地下を通るコースが浮上した。朱雀大路《すざくおおじ》駅、油阪《あぶらさか》駅（共に仮称）が新設され、新大宮駅は移設・地下化するという構想だ。完成は約40年後の2062年だ。

問題は総事業費2000億円以上にものぼる工事費用の工面である。近鉄は大和西大寺駅の高架化には前向きだが、奈良線の移設・地下化には消極的であった。奈良県は計画に前向きだったが、2023（令和5）年4月から風向きが一気に変わった。何を隠そう同月に実施された奈良県知事選挙である。

選挙戦では山下真氏が当選し、16年ぶりに奈良県知事が交代した。5月に初登庁し、前知事時代の事業の一部を執行停止も含めて精査すると発表。見直し事業の対象となったのが、大和西大寺駅の高架化と奈良線移設・地下化計画であった。

6月12日、ついに山下知事は事業の見直しを発表した。このなかで大和西大寺〜近鉄奈良間の移設・地下化は「不要」と判断した。一方、大和西大寺駅周辺の高架化の必要性は認め、大和西大寺駅は高架駅となる。これで大和西大寺駅西側にある4つの踏切は解消される見通しだ。

問題は国から改善を求められた大和西大寺〜近鉄奈良間にある残り4つの踏切の扱いだ。奈良県側は現状でもそれほど混雑は激しくなく、なおかつ人口減少により踏切混雑は緩和されるという見立てだ。また、朱雀門、大極殿が見られる車窓風景を観光資源として活かしたいという思いもある。

「行き止まり式終着駅」周辺の気になる現状は?

鉄道路線図を見ると、どの路線にも接続しない終着駅は気になるものである。もちろん、関西大手私鉄の各社にも「行き止まり駅」は存在する。これらの駅の沿線風景を見ていきたい。

阪急では**甲陽線**《こうよう》の**甲陽園駅**を取り上げるが、少しだけ甲陽線の歴史に触れておきたい。夙川《しゅくがわ》～苦楽園口《くらくえんぐち》～甲陽園間2・2キロメートルの路線が開業した背景には、阪神との競争があった。

はじまりは1922（大正11）年にさかのぼる。当時、阪神は香櫨園《こうろえん》からラジウム温泉で有名だった苦楽園口までトロリーバス線を敷設しようとした。これに対し阪急は、すぐに甲陽線の免許を申請し、1924（大正13）年に開業にこぎつけた。一方、阪神のトロリーバス敷設は計画倒れに終わり、甲陽線の勝負は阪急が勝利した。

1924年の開業時、甲陽園駅周辺は「カルバス温泉」をはじめとする歓楽地であり、駅前には日本映画黎明《れいめい》期を代表する映画人を多く輩出した「東亜キネマ」の撮影所もあった。しかし、甲陽園は宝塚をはじめとする他の歓楽地に負け、高級住宅地となった。戦後になり、日本初の学生専用の改札口を設けたが、夙川学院が移転し、現在は使用されていない。

阪神で、鉄道線と接続しない終着駅は**武庫川線**《むこがわ》の**武庫川団地前駅**のみだ。武庫川団地前駅は洲先《すざき》駅から延伸するかたちで1984（昭和59）年に開業した。駅名になっている武庫川団地は日本住宅公団（現・UR都市再生機構）によって建設され、最初の入居は1979（昭和54）年のことだった。

計画人口は約2万人であり、西日本最大規模を誇る団地である。そのため甲子園駅からの阪神バスでは心もとないため、武庫川団地前駅が開設されることになった。

武庫川団地前ができる前のこの地には飛行機工場があり、その前には日本で最初期のゴルフ場があった。六甲山に日本初のゴルフ場が開設されたのは1903（明治36）年のこと。六甲山ゴルフ場の会員のひとりが冬にゴルフができないことを寂しく思い、阪神本線沿線の魚崎《うおざき》にゴルフ場をつくった。しかし、立ち退きが必要となり、1914（大正3）年に、現在の武庫川団地がある地に移転させたというわけだ。

南海は個性的な終着駅ばかりだが、ここは和歌山県最西端の駅、**加太《かだ》線加太駅**を取り上げたい。そもそも加太線は淡路・四国への船着き場であった加太と和歌山市内を結ぶことを目的に1912（大正元）年に加太軽便《けいべん》鉄道によって建設された。

現在は加太から淡路・四国方面への旅客船はなく、古い駅舎はのんびりとした雰囲気に包まれる。加太駅は沿線住民の利用が目立つが、夏になると加太海水浴場を利用する行楽客も目につく。加太駅から加太海水浴場までは徒歩15分ほど。道のりには獲れたての魚介類を並べた商店やレンガづくりの倉庫があり、どこかタイムスリップした気分に浸《ひた》れる。

京阪は**宇治駅**も「行き止まり」駅だ。JR奈良線にも宇治駅はあるが、京阪の宇治駅とは宇治川を隔《へだ》てて、約700メートル離れている。そのため、京阪宇治駅、JR宇治駅の関係は乗換駅ではない。宇治といえば、平等院鳳凰堂《ほうおう》が有名だが、宇治駅からは宇治川を渡ることになる。宇治川にかけられている橋が宇治橋だ。

現在の宇治橋は1996（平成8）年に交通渋滞の解消を目的に架け替えられた。橋自体はコンクリート製だが、高欄《こうらん》（防護柵）に国産檜《ひのき》を使っている点は京都らしい。最初に宇治に橋が架けられたのは7世紀のこと。それ以降、洪水による流出のたびに架け替えられてきた。宇治は平安京と奈良を結ぶ交通の要衝だけに、宇治橋が重要視されてきたというわけだ。

宇治線はJR奈良線と異なり、奈良へは行かない。その代わり、中書島《ちゆうしよじま》駅で京阪本線と接続し、大阪・京都方面へと向かう。

近鉄は関西圏における歴史的背景からJRに接続する終着駅が多い。そんななか、新興の「行き止まり駅」が2006（平成18）年に開業した、**けいはんな線**の**学研奈良登美ヶ**《とみが》

丘《おか》駅である。

近鉄は登美ヶ丘地区を宅地開発してきたが、その集大成ともいえる住宅地「近鉄学研奈良登美ヶ丘住宅地」が2013（平成25）年に登場した。学研奈良登美ヶ丘駅はその最寄り駅となる。

「近鉄学研奈良登美ヶ丘住宅地」は駅を中心とした「歩いて暮らせる」街づくりを展開。自動車の通り抜けを防ぎ、安心して駅まで歩ける道路計画が特徴だ。駅はそんなニュータウンの玄関口にふさわしく、周辺にはイオンモール奈良登美ヶ丘があり、路線バスが出発する。

学研奈良登美ヶ丘駅ホームの先端に立つと、いかにも線路がこれから延びそうな印象を受ける。近鉄では学研奈良登美ヶ丘駅から、近鉄京都線新祝園《しんほうその》駅への延伸を計画している。延伸計画が実現したあかつきには、近鉄から「行き止まり駅」がひとつ消えることになる。

＊本書の情報は2023年10月現在のものです

◉参考文献

『近畿日本鉄道100年のあゆみ』(近畿日本鉄道)
『京阪百年のあゆみ』(京阪電気鉄道)
『100年のあゆみ』(阪急阪神ホールディングス)
『阪神電気鉄道百年史』(阪神電気鉄道)
『南海70年のあゆみ』(南海電気鉄道)
『関西人はなぜ阪急を別格だと思うのか』伊原薫(交通新聞社)
『「技あり！」の京阪電車』伊原薫(交通新聞社)
『こんなに面白い！近鉄電車100年』寺本光照(交通新聞社)
『地図と鉄道省文書で読む私鉄の歩み 関西1 阪神・阪急・京阪』今尾恵介(白水社)
『地図と鉄道省文書で読む私鉄の歩み 関西2 近鉄・南海』今尾恵介(白水社)
『京阪神都市鉄道プロジェクト』佐藤信之編(電気車研究会)
『鉄道と郊外:駅と沿線からの郊外再生』角野幸博他(鹿島出版会)
『「民都」大阪対「帝都」東京 思想としての関西私鉄』原武史(講談社学術文庫)
『私鉄郊外の誕生』片木篤編(柏書房)
『武庫川線と赤胴車』丸山健夫他(武庫川女子大学)
『関西私鉄文化を考える』金明秀他(関西学院大学出版会)
『南海電鉄のひみつ』(PHP研究所)
『鉄道まるわかり003 阪急電鉄のすべて』(『旅と鉄道』編集部)
『鉄道まるわかり007 京阪電鉄のすべて』(『旅と鉄道』編集部)
『鉄道まるわかり014 近畿日本鉄道のすべて』(『旅と鉄道』編集部)
『鉄道まるわかり015 南海電気鉄道のすべて』(『旅と鉄道』編集部)
『阪急電鉄(私鉄の車両 復刻版)』(ネコ・パブリッシング)
『日本の私鉄〈9〉京阪』(保育社)
『近鉄沿線ディープなふしぎ発見』天野太郎(実業之日本社)
『阪急沿線ディープなふしぎ発見』天野太郎(実業之日本社)
『京阪沿線ディープなふしぎ発見』天野太郎(実業之日本社)
『南海沿線ディープなふしぎ発見』天野太郎(実業之日本社)
『まるごと近鉄ぶらり沿線の旅』寺本光照編著(七賢出版)
『兵庫の鉄道全駅 私鉄・公営鉄道』(神戸新聞総合出版センター)
『ミッションスクールになぜ美人が多いのか』井上章一他(朝日新書)
『早慶MARCH大激変「大学序列」の最前線』小林哲夫(朝日新書)
『千里ニュータウンの建設』(大阪府)
『母校通信』(関西学院同窓会)
『鉄道ジャーナル』各号(鉄道ジャーナル社)
『鉄道ピクトリアル』各号(電気車研究会)
東洋経済オンライン
マイナビニュース
乗りものニュース
各鉄道会社ホームページなど

関西の私鉄沿線格差

2023年11月20日　初版印刷
2023年11月30日　初版発行

著者◉新田浩之

企画・編集◉株式会社夢の設計社
東京都新宿区早稲田鶴巻町543　〒162-0041
電話（03）3267-7851（編集）

発行者◉小野寺優

発行所◉株式会社河出書房新社
東京都渋谷区千駄ヶ谷2-32-2　〒151-0051
電話（03）3404-1201（営業）
https://www.kawade.co.jp/

DTP◉株式会社翔美アート

印刷・製本◉中央精版印刷株式会社

Printed in Japan　ISBN978-4-309-50448-3

なお、本書についてのお問い合わせは、夢の設計社までお願いいたします。